Todos somos discípulos missionários

Observatório Eclesial Brasil

Todos somos discípulos missionários

Papa Francisco e o laicato

Dados Internacionais de Catalogação na Publicação (CIP)
(Câmara Brasileira do Livro, SP, Brasil)

Todos somos discípulos missionários : Papa Francisco e o laicato / Observatório Eclesial Brasil. -- São Paulo : Paulinas, 2017. -- (Coleção ano do laicato)

Vários autores.
ISBN: 978-85-356-4343-5

1. Francisco, Papa, 1936- - Mensagens 2. Laicato - Igreja Católica 3. Missão da Igreja 4. Missionários leigos I. Observatório Eclesial Brasil. II. Série.

17-09105 CDD253

Índice para catálogo sistemático:

1. Laicato : Igreja Católica : Teologia pastoral 253

1ª edição - 2017

Direção-geral: *Flávia Reginatto*
Editores responsáveis: *Vera Ivanise Bombonatto*
João Décio Passos
Copidesque: *Ana Cecilia Mari*
Coordenação de revisão: *Marina Mendonça*
Revisão: *Sandra Sinzato*
Gerente de produção: *Felício Calegaro Neto*
Produção de arte: *Claudio Tito Braghini Junior*

Paulinas
Rua Dona Inácia Uchoa, 62
04110-020 — São Paulo — SP (Brasil)
Tel.: (11) 2125-3500
http://www.paulinas.org.br
editora@paulinas.com.br
Telemarketing e SAC: 0800-7010081

Sumário

Apresentação

Para contribuir com o Ano do Laicato no Brasil, o *Observatório Eclesial Brasil* nos apresenta um rico material para a reflexão sobre diversos aspectos da missão e da atuação dos leigos. A maior parte dos textos foi escrita por leigos e leigas, olhando para o mundo, para a Igreja e para a sua missão.

Francisco, com sua voz profética, tem insistido numa Igreja em saída, em busca das periferias. Sua palavra e suas ações nos falam de uma Igreja pobre, para os pobres, aberta ao mundo e a quem quer viver os valores do Reino.

Os autores dos textos tinham diante de si esse convite feito por Francisco para que a Igreja saia de si mesma em busca de quem está fora, excluído. Como ele mesmo diz: "A alegria do Evangelho é para todo o povo, não se pode excluir ninguém" (EG 23).

Não podemos ficar acomodados. A mensagem maravilhosa de esperança que o nosso papa nos apresenta traz ânimo, encorajamento, mas também nos convoca a sair pelos caminhos do mundo anunciando o Reino e indo ao encontro dos pobres e dos que sofrem toda forma de exclusão.

Toda a Igreja é responsável pela sua missão. Todos os batizados e batizadas, sem exceção, são chamados a viver essa missão no compromisso ao Reino de Deus, que é de justiça e fraternidade.

A mensagem de Francisco traz um novo impulso para os leigos e leigas que querem viver coerentemente o seu compromisso com o Evangelho e com a Igreja. Nós precisamos aprender deles como viver o Evangelho. Eles têm muito a nos ensinar sobre como viver a mensagem de Jesus no mundo. Como diz o próprio Francisco: "Olhar continuamente para o povo de Deus salva-nos de certos nominalismos declarativos (*slogans*) que são frases bonitas, mas não conseguem apoiar a vida das nossas comunidades". Por isso, antes de ditar regras para os leigos, a Igreja precisa ouvir deles o que têm a dizer sobre suas lutas, seus sonhos e suas esperanças.

A sabedoria do Evangelho tem que nos comprometer com uma Igreja que vive na comunhão do Espírito de Deus, a partir da participação decisiva de todos os batizados.

Este livro, composto de textos breves, mas bastante preciosos, é um convite para refletirmos sobre a missão dos leigos e leigas no mundo e na Igreja, mas também é um convite para construímos uma Igreja mais participativa e menos clerical para todas as pessoas. Uma Igreja onde os leigos e as leigas sejam reconhecidos em seu valor, em seu olhar, em suas demandas e em suas expectativas.

Francisco nos lembra de que a "Igreja em saída" é a comunidade dos discípulos e discípulas que tomam a iniciativa, que avançam, que se envolvem, que frutificam e que festejam a antecipação do Reino de Deus. É hora de discernirmos os sinais de Deus na história e darmos testemunho dos valores do Reino neste tempo de tantos desafios.

Dom Angélico Sândalo Bernardino
Bispo emérito de Blumenau

Introdução

O ano de 2018 foi proclamado pela CNBB como ano do laicato na Igreja do Brasil. As razões dessa opção eclesial devem ser várias. Mas, por certo, a mais fundamental delas é a afirmação eclesiológica: *o leigo é Igreja*. Nos termos propostos pelo Documento 105, isso significa dizer que o leigo é *sujeito eclesial*. Nos termos afirmados pelo Papa Francisco, o leigo é o sujeito *eclesial primordial*. Ensina de novo o papa que todos somos Igreja antes de tudo como cristãos leigos e não como cristãos ordenados. Essa afirmação eclesiológica inverte a velha eclesiologia que entende a Igreja como sinônimo de hierarquia; vem de longa data e tem seu epicentro fecundo no Concílio Vaticano II.

É curioso que algo tão simples e tão fundamental para a fé cristã tenha de ser repetido ainda hoje. Nesse sentido, o ano do laicato não deixa de ser uma chamada para algo que deva ser relembrado pelo fato de andar meio esquecido. Não deveria ser necessário falar em "ano do laicato", uma vez que a condição leiga define a própria Igreja em sua constituição mais fundamental, como conjunto dos batizados. Portanto, uma Igreja que esquece os leigos não somente se clericaliza, mas esquece de si mesma. Não por acaso, o clericalismo tem sido definido pelo papa como "praga da Igreja". Onde se vive e se acredita que a Igreja é a hierarquia feita de membros ordenados, distinta, acima e superior aos demais membros, peca-se contra o Batismo que nos faz todos membros do mesmo Corpo do Cristo vivo na história; mutila-se esse Corpo em nome de uma visão e de uma prática religiosas que separam, em última instância, os que são sagrados dos que são profanos, os sujeitos investidos de poder dos receptores passivos dos bens sagrados.

O Papa Francisco vem resgatando a teologia do laicato oferecida pela eclesiologia conciliar. Suas palavras são claras e diretas. O povo de Deus constitui a Igreja. Todas as formas de vida eclesial não somente se enraízam nessa condição básica, mas estão a serviço dela. Existimos eclesialmente como povo de Deus e a ele nos remetemos como servidores. Em outros termos, sem o povo de Deus, nenhum ministério ordenado tem sentido; eles não existem por si e para si mesmos.

Essa eclesiologia conciliar, ensinamento da Igreja há mais de cinquenta anos, ainda soa para muitos como incômoda ou, então, como uma novidade. Uma prática eclesial cada vez mais clericalizada foi se tornando costume nas últimas décadas, amparada não somente pela estrutura institucional da Igreja, como também por uma prática religiosa mágica. Essa prática centra no especialista religioso a origem dos bens salvíficos oferecidos ritualmente por meio de cultos espetaculares e, também, no indivíduo que os procura como bem-estar material e espiritual. Mas o clericalismo vai tornando-se uma mentalidade e uma prática que se reproduzem não somente por meio de muitos cristãos ordenados, mas também através de cristãos leigos que se comportam como se fossem investidos de um poder sagrado superior aos demais irmãos da comunidade.

A afirmação da centralidade do leigo e da leiga na Igreja esbarra, portanto, nesse aspecto estrutural e cultural do clericalismo que termina reduzindo o clero a uma classe de burocratas e feiticeiros eficientes na administração da empresa sagrada. Por essa razão, se a condição de leigo é, antes de tudo, um dom que vem do Batismo, é também uma tarefa de construção dentro da comunidade eclesial, construção que envolve todas as dimensões da vida pastoral da Igreja e todos os sujeitos eclesiais. Afirmar o protagonismo das leigas e dos leigos na Igreja não significa de modo algum negar o papel dos cristãos ordenados, mas, ao contrário, orientar a sua origem e a sua função para o conjunto do povo de Deus. Todas as formas de ministérios – ordenados ou não – têm sua razão de ser no serviço ao povo de Deus, e o que escapa dessa verdade é secundário, desnecessário e, em muitos casos, perverso.

As reflexões que compõem este pequeno livro pretendem oferecer contribuições para o ano do laicato. Elas foram elaboradas por membros do *Observatório eclesial Brasil*, iniciativa que visa promover a recepção dos ensinamentos do Papa Francisco em nosso contexto eclesial e social. Cada autor oferece chaves de leitura do pensamento do Papa Francisco sobre temas atinentes ao laicato, a partir dos lugares social, profissional e eclesial que ocupam. As reflexões compõem um baú de coisas velhas e de coisas novas; mais precisamente, de coisas novas que se tornaram velhas, ou de coisas velhas que ainda são novas: os cristãos são sal da terra e luz do mundo! A Igreja é o povo de Deus que caminha na história! A Igreja é o sacramento de salvação no mundo! O Reino de Deus é o horizonte que orienta a ação dos cristãos na história! A Igreja é uma comunidade de seguidores de Jesus Cristo e se encarna nas realidades concretas! Os pobres são a presença sacramental de Jesus Cristo no mundo!

Essas profissões de fé exigem conversão eclesial para que sejam, de fato, vivenciadas nas comunidades eclesiais. Sem a conversão permanente de todos os membros da Igreja, tudo pode reduzir-se a funções burocráticas, como em uma empresa qualquer, ou tornar-se uma relação de soluções mágicas para o mal-estar individual pela via de uma espiritualidade consumista. A chamada do papa para que a Igreja saia de si mesma a partir do coração do Evangelho e na direção do outro, sobretudo dos pobres, apresenta o caminho de sua reforma permanente. A perspectiva de Francisco afirma que a vitalidade da Igreja brota de sua fidelidade ao Cristo encarnado, onde reside a síntese misteriosa entre a salvação de Deus e a história humana, o

Cristo que sofre e os pobres sofredores, o povo de Deus e os muitos povos, a graça e a cultura.

Na esperança de que o Evangelho *faz novas todas as coisas*, caminhemos na reforma inadiável da Igreja como sujeitos eclesiais.

Observatório Eclesial Brasil

I
O povo de Deus na eclesiologia de Francisco

Fernando Altemeyer Junior

O cancioneiro popular guarda a melodia "Peixe vivo": "Como pode o peixe vivo viver fora da água fria. Como poderei viver, sem a tua companhia". De maneira singela, essa melodia diz tudo o que o Papa Francisco quer propor e viver em sua ação como grande reformador da confissão católica. Na metáfora do peixe reconhecemos Cristo, os cristãos e a própria Igreja. Na água em que mergulhamos, reconhecemos o Espírito de Deus, o Reino que nos convoca e a esperança de viver os sonhos de Deus na vocação cristã de evangelizar e testemunhar o povo de Deus congregado.

Desde muito cedo em sua vida pessoal, o argentino Jorge Mário Bergoglio, hoje Papa Francisco, aprendeu a sentir parte de seu povo e a amar sua gente e sua cultura. *Sentire cum Ecclesia* encarnada em um povo concreto, com música, comida, terra, idioma e modo de viver e pensar. Descobriu desde pequenino, em Buenos Aires, que, fora da salvação, não há Igreja. E coerentemente se pode dizer que, sem um mergulho profundo nas entranhas de um povo, não é possível propor a universalidade da Páscoa do Cristo. Assim, mergulhados no paradoxo entre o universal (católico) e o particular (santa e pecadora), poder-se-á sentir o Espírito de Deus como singelo sopro de Amor.

Certamente, o jovem Bergoglio, ao fazer o voto como jesuíta, deve ter lido e assumido como sua a esperança do Livro dos

Números 11,29: "Que bom seria se todo o povo de Deus fosse constituído de profetas, e que Javé depositasse seu Espírito sobre eles". Crer que todo o povo anuncia e pode ser profeta é algo humanamente difícil e historicamente temerário. Há profetas, e muito raros. Há profecia, e singularmente peculiar em tempos difíceis. Acreditar que o povo possa profetizar é algo que só pode vir do alto, por quebrar o pessimismo comum das elites e do iluminismo triunfante. Francisco escreve a Exortação apostólica *Evangelii Gaudium*, sobre o anúncio do Evangelho no mundo atual, e nela a palavra povo é usada 164 vezes. Destaque para o título do parágrafo 111: "Todo o povo de Deus anuncia o Evangelho". Lemos que "trata-se certamente de um mistério que mergulha as raízes na Trindade, mas tem a sua concretização histórica num povo peregrino e evangelizador, que sempre transcende toda a necessária expressão institucional". Esse mergulho, ou melhor, essa revelação do rosto de Deus em seu povo escolhido manifesta sua misericórdia e predileção. A *Torah* hebraica denomina *Am há'aretz* (em hebraico: עם הארץ), cujo significado é o povo da terra, compreendido como um povo simples, camponês e fiel aos mandamentos de Deus. Os gregos exprimem essa realidade complexa como tomar parte do *του λαού του Θεού*, que enfatiza a convocação de Deus para ser congregado e unido ao povo. A casa e clã dos hebreus adquire sua consistência política como expressão de envolvimento na carne sofredora de Cristo. Assim exprime o papa: "Com obras e gestos, a comunidade missionária entra na vida diária dos outros, encurta as distâncias, abaixa-se – se for necessário – até a humilhação e assume a vida humana, tocando a carne sofredora de Cristo no povo" (EG 24). Esse processo de encarnação se faz na observância de uma profunda mística. O primeiro momento é o de experimentar o prazer de ser povo.

O prazer espiritual de ser povo

O Papa Francisco insiste que a Palavra nos convida a um autorreconhecimento: somos povo! O que não éramos, agora somos, por Cristo e em Cristo. E todo evangelizador deve "desenvolver esse prazer espiritual de estar próximo da vida das pessoas, até chegar a descobrir que isso se torna fonte de uma alegria superior" (EG 268). Essa alegria é superior, pois é simultaneamente paixão por Cristo e paixão por seu povo. A anterioridade teológica de Deus emerge na anterioridade histórica junto ao povo de Deus. Não há contradição ou conflito. Diante do Cristo crucificado, vemos sua dor e sintonizamos com o seu olhar de amor pela humanidade e pelos sofredores. Diz Francisco: "descobrimos novamente que Jesus quer servir-se de nós para chegar cada vez mais perto do seu povo amado" (EG 268). Não há identidade cristã sem essa pertença ao povo, sem esse unir-se profundamente com o mundo dos pobres.

Nosso modelo é o próprio Jesus, que fez de sua opção uma introdução no coração de seu povo. Suas atitudes o demostram: olhar fixo em quem ama, disponibilidade aos enfermos, participação nas refeições dos pobres e impuros, encontro, amor, toque, cuidado, entrega, ausculta dos dramas humanos em seus segredos mais íntimos. Seguindo Jesus, não o fazemos "por obrigação, nem como um peso que nos desgasta, mas como uma opção pessoal que nos enche de alegria e nos dá uma identidade" (EG 269).

Para o Papa Francisco, um cristão verdadeiro não pode manter distância das chagas de Cristo. Mergulhar na vida do povo exige "que toquemos a miséria humana, que toquemos a carne sofredora dos outros". A Igreja não pode esconder-se ou fechar-se em templos ou guetos religiosos. Não deve alienar-se da vida pública. Deve rebelar contra a privatização da fé e das expressões de sua ação evangelizadora. Francisco até brinca dizendo que, ao aceitarmos entrar em contato com a vida concreta, conhecemos a força da ternura, bem como "a vida complica-se sempre maravilhosamente e vivemos a intensa experiência de ser povo, a experiência de pertencer a um povo" (EG 270).

Sem apontar o dedo como moralistas soberanos, e, tampouco, mundanizar-se com a voz comum das ideologias e das massas, mas, com "mansidão e respeito", vencer o mal com o bem, sem cansar e sem arrogância. Diz Francisco que precisamos ser fiéis ao Evangelho em sua essência ao "acender o fogo no coração do mundo" (EG 271).

Esse fogo se alimenta do oxigênio do amor ao outro na vida missionária. É dando que se recebe (At 20,35). Essa missão que nos preenche e impede o lento suicídio dos que criam muros e fronteiras só pode florir se assumirmos que

> a missão no coração do povo não é uma parte da minha vida, ou um ornamento que posso pôr de lado; não é um apêndice ou um momento entre tantos outros da minha vida. É algo que não posso arrancar de meu ser, se não quero me destruir. Eu sou uma missão nesta terra, e para isso estou neste mundo (EG 273).

Para o papa é esse ser uma missão que revela a enfermeira autêntica, o professor autêntico, o político autêntico, o missionário autêntico. Ao deixar de ser povo e privatizar a missão, faz tudo se tornar cinzento e sem sentido. O mundo ganha cor e plenitude quando "derrubamos os muros e o coração se enche de rostos e de nomes" (EG 274).

Deus se revela ao povo

A presença ativa de Deus como quem se alegra em consolar (EG 4), em cuidar e emergir no meio do povo de forma suave e surpreendente (EG 31), e que, por pura graça, nos dá a salvação. E a salvação não é mesquinha nem propriedade de alguns. Ela é obra da graça que se oferece abundante para todos. Diz Francisco: "Deus realiza e a Igreja jubilosamente anuncia a salvação para todos" (EG 113). Ninguém se salva sozinho, como indivíduo isolado ou por suas forças. Quem nos atrai é o amor imenso de Deus. A Igreja não é um grupo exclusivo ou excludente. É Igreja sem fronteiras, plena de portas e janelas abertas. A Igreja não é um grupo de elite ou de iluminados. O Papa Francisco faz um apelo aos afastados de Deus ou da Igreja: "o Senhor também te chama para seres parte do seu povo, e fá-lo com grande respeito e amor" (EG 113).

Esse pacto ou aliança de Deus Pai nos quer unidos e articulados como filhos e irmãos que se cuidam e se guardam no caminho da vida. "Ser Igreja significa ser povo de Deus, de acordo com o grande projeto de amor do Pai" (EG 114). Isso implica fermentar, fecundar, agir no meio da humanidade, acolhendo, defendendo, amando, perdoando e animando para que todos participem da vida boa do Evangelho.

Efetivamente, todos sabemos que esse povo é multifacetado e diverso (EG 115). Há culturas próprias, estilos de vida autônomos, pois a graça supõe a cultura e o idioma em que se exprime a vida e a identidade pessoal (EG 115). O papa diz que: "quando uma comunidade acolhe o anúncio da salvação, o Espírito Santo fecunda a cultura com a força transformadora do Evangelho" (EG 116). Assim, há continuamente a fecundação da vida de Deus na história no Evangelho e pelo Evangelho (EG 139).

Atitudes concretas dos pregadores cristãos

Para nosso atual papa, a fé cristã é sempre ativa ao evitar idealismos e teorias alienadas da vida e da experiência concreta. Essa escuta de Deus na vida do povo deve ser uma ética concreta e um estilo de vida dos pregadores que seguem Jesus como caminho, verdade e vida.

O papa apresenta dicas preciosas para concretizar a encarnação da Palavra e dos sacramentos. Tudo começa com a Igreja em saída. Mover-se e correr risco é tarefa primeira. Feito isso, "o pregador deve também se pôr à escuta do povo, para descobrir aquilo que os fiéis precisam ouvir" (EG 154). Todo pregador tem um ouvido posto no Evangelho e o outro no povo. Sabe ser um contemplativo da Palavra e também um contemplativo do povo, tal como o viveu Dom Enrique Angelelli, bispo mártir de la Rioja, na Argentina.

Ao ouvir o povo a quem está destinado a evangelizar, o pregador tem em alta conta os sinais, os símbolos e os problemas que esse povo vive e manifesta no cotidiano. Assim, a pregação ganha um rosto e um compromisso de unidade e santidade. Essa fisionomia concreta do povo, a quem pregamos e que nos alimenta no amor, é a chave da comunhão eclesial. No fundo, diz o Papa Francisco, isso é "uma sensibilidade espiritual para saber ler nos acontecimentos a mensagem de Deus" (EG 154).

É preciso também que os pastores, ministros e catequistas assumam a defesa dos exilados, migrantes, empobrecidos que clamam noite e dia por paz. Trata-se de "ouvir o clamor de povos inteiros, dos povos mais pobres da terra" (EG 190). Povos que foram crucificados pela economia e pelas forças políticas ditatoriais e que clamam por pão, liberdade e justiça, para que haja paz. Francisco diz que é preciso "olhar e abrir os ouvidos ao clamor dos outros povos ou de outras regiões" (EG 190). Nesse lento caminhar do povo está assinalada, na esperança e na teimosia, a redenção pela qual vivemos e nos movemos. Quando o povo de Deus se fecha, é tal qual um burro na estrebaria que empaca e não vai para a frente. É preciso que o pregador ame as ovelhas. Se alguém se diz amigo de Cristo, deve ser amigo dos pobres. Não se esqueçam dos pobres (Gl 2,10) é sempre o critério-chave da autenticidade de uma Igreja ou de um missionário ou pastor. No atual momento de paganismo individualista e narcisista, os ministros das Igrejas e os batizados devem guardar a beleza do Evangelho. Essa beleza e vigor nascem dos pequenos. Diz Francisco: a opção pelos últimos, por aqueles que a sociedade descarta e lança fora, é o sinal que nunca deve faltar (EG 195).

Se o coração de Deus está ocupado preferencialmente pelos pobres, é porque Deus se fez pobre (2Cor 8,9). Portanto, é necessário que pregadores, bispos, padres, ministros, religiosas, diáconos, leigos tenham os seus corações apaixonados pelos pobres e lascados. A opção pelos pobres é uma categoria teológica, muito mais que cultural, sociológica, política ou filosófica. Os pobres participam do "*sensus fidei*, nas suas próprias dores conhecem Cristo sofredor" (EG 198). Os bispos e padres precisam deixar-se evangelizar pelos pobres. Precisam sair de seus palácios e de sua retórica da cristandade e do poder eclesiástico narcisista e burocrático. Precisam colocar os pobres e o povo de Deus no centro do caminho da Igreja. Precisam deixar de confiar no dinheiro e nas elites que manipulam com benesses e presentes os que permitem tal subserviência. A Igreja precisa inverter a seta da evangelização: do centro para a margem. Como profetizou Dom José Maria Pires:

> Houvesse a Igreja da época colonial marcado presença mais na senzala do que na Casa Grande, mais nos quilombos do que nas cortes, outros teriam sido os rumos da História do Brasil. Desde os seus primórdios, outra teria sido a contribuição do negro ao desenvolvimento porque, mesmo desenraizado de seu povo e de sua terra, mesmo reduzido ao cativeiro, conservou em si forças de aglutinação e de preservação de seus valores originais (trechos da homilia na missa dos

quilombos, em 22 de novembro de 1981, na praça em frente à Igreja do Carmo, em Recife, PE).

Cristãos transformados e transformadores

É preciso citar a bela lista de patriarcas, profetas e profetisas da América Latina que assumiram em passado recente a proposta eclesial do Papa Francisco e semearam um modelo de comunhão e participação. São os marcados com o fogo de Deus no fundo do coração. Vivem e proclamam que o Ressuscitado está entre nós e dentro de cada um de nós. Gente como o Padre Cícero Romão Batista: sacerdote risonho, simpático, amável, dotado de uma simplicidade encantadora, amigo meigo e dócil, que conhecia a todos pelo nome. Gente que trate cada pessoa como se fosse o próprio Cristo e que, ao encontrar um pobre, pergunte pelo nome, pela vida, e se já tomou um café e comeu pão hoje. Se este disser que ainda não comeu nada nesse dia, esse profeta vai com ele até a padaria e partilha o ágape da Igreja. E lhe dá a bênção, o abraço e o endereço da comunidade para continuar o diálogo e o encontro. Ou seja, ele "perde tempo" com os mais pobres e faz deles a agenda principal.

Gente que prepara suas homilias e pregações com alegria e serenidade, procurando fazer para si mesmo a *Lectio divina*. O primeiro terreno onde a Palavra que é Jesus deve ser plantada é no coração do próprio batizado ou ministro que prega. Assim, o cristão se torna ponto de atração para o mistério de Cristo e sua missão. Gente movida à Eucaristia. Ela é o centro da vida e momento alto da missão. O aroma eucarístico é tão suave, tão complexo e tão belo que já entramos na eternidade dentro do tempo. São Bento sempre recomendava aos monges que levassem algum outro consigo. Que cada monge fosse companheiro no caminho que conduz a Deus. Ninguém pode ir para Deus sozinho.

O Papa Francisco pede aos sacerdotes que mergulhem no mundo atual, onde vale só a unção, não a função, e que andem em direção das periferias humanas e urbanas. Esse é o antídoto eficaz contra o ensimesmar-se patológico do poder e da função. O padre é um servidor da humanidade e não alguém colocado em um cume acima dos demais. A melhor forma de exercer autoridade é aplicar-se em fazer dela um serviço, recusando os abusos do poder e de tantos principados e feudos paroquiais. O único poder que pode exercer é contra os lobos que tiram a vida e a esperança das ovelhas: o poder de um zelador dos outros, das criaturas de Deus e da natureza. Um padre ungido é alguém que conhece o valor da liberdade e a exigência da santidade. E por eles é capaz de amar a Igreja em uma simbiose de vida coerente e simples, sem nenhuma ostentação. Casa simples, vida frugal e mística profunda. Sabedor de que "a cruz não é um fim em si. Ela surge e indica o caminho do alto", dizia Santa Edith Stein.

Muitos podem crer que tal personagem não existe e seria impossível encontrá-lo, mas conhecemos muitos que puseram sua confiança em Cristo Jesus. Indico nomes dos amigos e amigas de Jesus, precursores da esperança de uma Igreja plenamente povo de Deus. Em lugar de honra destaco o protomártir das Américas, o bispo dominicano Antônio de Valdivieso, O.P., defensor dos indígenas, bispo da Nicarágua. E da lista dos santos, profetas e heróis do povo: Antônio de Pádua e Lisboa, Domingos de Gusmão, Bartolomeu de las Casas, Boaventura de Bagnorregio, Martin Luther King Junior, Papa João XXIII, Dom Manuel Larraín, Dom Helder Pessoa Camara, Dom Luciano Mendes de Almeida, Dom José Lamartine Soares, Dalmo de Abreu Dallari, Dom Tomás Balduino, Dom Jorge Marcos de Oliveira, Frei Tito de Alencar Lima, Margarida Genevois, Doutora Zilda Arns Neumann, Irmã Dulce dos Pobres, advogado Mario Simas Filho, Padre Ibiapina, Dom Antônio Fragoso, Padre Ezequiel Ramin, operário Santo Dias da Silva, Padre José Comblin,

Padre Giuseppe Pegoraro, Dom José Maria Pires, Dom Fernando Gomes, Irmã Maria Dolores M. Junquera, Dom Pedro Casaldáliga, Antônio Conselheiro, Sepé Tiarajú, Dom Waldyr Calheiros Novaes, mártir Oscar Arnulfo Romero, irmão marista Antônio Cechin, Cardeal Paulo Evaristo Arns, Gustavo Gutierrez, Dom Décio Pereira, Pastor Milton Schwantes, Irmã Isabel, mãe dos presos no presídio do Carandiru, Padre Júlio Renato Lancellotti, Dom Angélico Sândalo Bernardino, Dom Edson Tasquetto Damian, e a serva de Deus Maria de Lurdes Guarda, entre tantas. Sementes de Deus plantadas no mundo dos pobres como sinais de Deus. Foram do centro para a margem. Insistiram na dimensão humana do Evangelho. Fizeram-se sacramentos do Reino de Deus: tal qual ovelhas amadas do único Bom Pastor.

Esses precursores do mergulho franciscano e eclesial acreditaram na Igreja sempre em constante reforma e conversão. Acreditaram nas mulheres como sujeitos da Igreja, nos negros como profetas da esperança, nos índios como amigos de Deus, nas crianças e jovens como sujeitos da evangelização. Todos afirmaram, como Dom Helder Camara, um creio verdadeiramente na causa do homem novo. E professaram:

> Creio no impossível e necessário Homem Novo! Creio em outra humanidade mais fraterna. O mundo precisa respirar harmoniosamente humano. Os homens todos havemos de chegar a nos reconhecer uns aos outros como homens, como irmãos – na utopia da fé (Credo de Dom Pedro Casaldáliga Plá).

O que Francisco propõe já foi experimentado em muitas igrejas, nas CEBs, no ecumenismo alegre, nas pastorais sociais e em leigos ou leigas atuantes, padres comprometidos e bispos pastores e colegialmente unidos aos povos e à mensagem da libertação. Saibamos atualizar o Concílio e ser um novo modo de ser Igreja, sempre alegre na esperança e companheira na justiça. Amanhã será um lindo dia. Ninguém viverá sem fazer parte da família de Deus, tal qual peixe vivo em cardume livre rumo às águas mais profundas.

II
O laicato na Igreja em saída

Wagner Lopes Sanchez

A Igreja "em saída" é a comunidade
de discípulos missionários que "primeiram",
que se envolvem, que acompanham,
que frutificam e festejam
(Francisco, EG 24).

Este texto pretende refletir sobre o laicato a partir da noção, bastante valorizada por Francisco, de uma *Igreja em saída*. O eixo de nossa reflexão, portanto, estará tensionado pelas noções de laicato e de Igreja em saída, que, como veremos, estão profundamente imbricadas na teologia de Francisco.

O tema do laicato aparece com muita força no pensamento de Francisco, seja de forma explícita, quando ele se refere claramente aos leigos e à sua atuação no mundo, seja de forma implícita, quando ele expressa as linhas chaves do seu pensamento com relação à Igreja e sua missão. Nessa perspectiva, podemos afirmar que o laicato é um dos temas centrais do seu pensamento.

O tema da Igreja em saída, proposto por Francisco, quer dar à Igreja católica uma nova dinâmica missionária e colocá-la num movimento que a desinstala para inseri-la na realidade histórica e lançá-la para o futuro. Essa ideia recorda à Igreja católica que a sua razão de ser não está no passado, mas no anúncio do Reino de Deus e, portanto, que a atividade missionária tem que ter os olhos postos no amanhã.

Uma Igreja em saída

É na Exortação apostólica *Evangelii Gaudium* que a expressão Igreja em saída, pela primeira vez, foi utilizada por Francisco. Para ele, essa expressão está fundada na própria Palavra de Deus e tem a ver com a dinâmica "que Deus quer provocar nos crentes" (EG 20). Se, ao longo da história, o povo de Deus sempre foi impulsionado pela "dinâmica do êxodo e do dom" (EG 21) e se a própria "intimidade da Igreja com Jesus é uma intimidade itinerante" (EG 23), no mundo atual todo o povo de Deus é convocado a sair de si, sair do seu lugar, sair de sua *zona de conforto* e avançar para as periferias (EG 20, 30 e outros).

A Igreja em saída é uma Igreja onde todos os seus membros são protagonistas no caminho do discipulado. A reforma da Igreja católica tem que levar em conta que é necessário superar a mentalidade reducionista e clerical que entende os leigos como objetos da ação da hierarquia e como "consumidores" dos sacramentos, bem como criar as condições necessárias para que os leigos possam viver o seu protagonismo de forma autônoma.

Para falar desse aspecto, Francisco utiliza o neologismo "primeirar", que quer indicar, justamente, o potencial que todos os membros da comunidade eclesial têm para tomar a iniciativa e atuar no mundo: "a Igreja 'em saída' é a comunidade de discípulos missionários que 'primeiram', que se envolvem, que acompanham, que frutificam e festejam" (EG 24). Por isso, a missionariedade da Igreja diz respeito a todos os batizados e não apenas a um setor. Ela é uma dimensão de toda a comunidade dos batizados.

Essa dinâmica da missionariedade só é possível quando a Igreja abre as suas portas (EG 46) para acolher e receber todas as pessoas sem distinção. E, para Francisco, isso se deve dar com a abertura das portas físicas dos templos, em sinal de acolhimento, mas também naquilo que ele denomina "portas dos sacramentos": "nem sequer as portas dos sacramentos se deveriam fechar por uma razão qualquer" (EG 47).

A noção de Igreja em saída refere-se a uma Igreja aberta a todos que dela necessitam; é uma Igreja no mundo em sintonia com o espírito do Concílio Vaticano II. A Igreja em saída não só coloca a comunidade cristã numa nova dinâmica, num novo movimento, mas numa nova posição: ela se abre para acolher e para ser fiel à sua missão. Ela é sempre rejuvenescida pela fidelidade ao seu mandato missionário.

Francisco fala da necessidade de a Igreja avançar para o "caminho de uma conversão pastoral e missionária" (EG 25). Referindo-se ao Vaticano II, ele afirma que esse Concílio "apresentou a conversão como abertura a uma reforma permanente de si mesma por fidelidade a Jesus Cristo" (EG 26b). Essa reforma permanente da Igreja – que inclui a reforma de suas estruturas – tem como finalidade tornar a Igreja mais missionária e possibilitar que a missionariedade seja uma dinâmica transversal a todas as instâncias eclesiais (EG 27) em contato "com as famílias e com a vida do povo" (EG 28). E, ao apresentar uma relação de diretrizes para "encorajar e orientar, em toda a Igreja, uma nova evangelização", o papa coloca "a reforma da Igreja em saída missionária" em primeiro lugar (EG 17). Isso revela a importância que a ideia de reforma tem no pensamento do papa.

A reforma da Igreja não é apenas um detalhe ou uma proposição circunstancial; ela tem que ser constante, permanente, perene e intrínseca ao seu modo de ser. A reforma permanente, a renovação constante, jovializa não só o testemunho dos valores do Reino, mas também a própria comunidade cristã em sua atuação no mundo.

A Igreja em saída tem como ponto de partida o Evangelho anunciado por Jesus e como referência o próprio mundo, destinatário de sua missão. O mundo é a realidade que convoca todos os católicos para saírem e exercerem o seu papel de multiplicadores dos valores do Reino de Deus.

Ao insistir na Igreja em saída, Francisco está colocando no centro da compreensão da própria Igreja a sua missão no mundo. Nessa Igreja em saída, os leigos lembram a toda a Igreja que ela é povo de Deus, que ela tem uma dimensão laical que faz parte de seu modo de ser.

O laicato na Igreja

O tema do laicato passou a fazer parte da agenda da Igreja católica a partir do Concílio Vaticano II. Isso não significa que antes desse evento conciliar o tema dos leigos não estivesse presente nos documentos oficiais. No entanto, só foi no Vaticano II que oficialmente a eclesiologia católica passou a valorizar a participação dos leigos. A Constituição dogmática *Lumen Gentium* adotou uma estrutura que priorizou a noção de povo de Deus, ao invés de dar prioridade, como sempre se fez nos documentos oficiais da Igreja católica, à hierarquia eclesiástica. Dessa forma, o Concílio abriu caminho para aprofundar a reflexão em torno do papel do laicato e de sua contribuição para a dinâmica eclesial, e criou condições para o desenvolvimento de uma teologia da autonomia do laicato.

Algumas perguntas podem ser feitas com respeito ao nosso tema: qual o lugar do laicato na Igreja em saída? Como o laicato na Igreja católica pode contribuir para uma Igreja em saída, no sentido proposto por Francisco?

Partimos do pressuposto de que, para melhor pensarmos na missão do laicato, é necessário ter em conta a teologia do Batismo e a teologia da Igreja-povo de Deus. Essas duas teologias são a porta de entrada para uma teologia do laicato que pretenda responder ao desafio de compreender a Igreja como uma grande comunidade aberta ao mundo e servidora.

A distinção laicato-hierarquia eclesiástica não foi sempre uma constante na vida da Igreja católica. Essa distinção não existia nos inícios do cristianismo e foi resultado do seu desdobramento. O surgimento dessa distinção se deu na medida em que se desenvolveu no interior da Igreja católica uma afirmação cada vez maior do papel e da importância da hierarquia.

Francisco, no 5º parágrafo da carta *O indispensável compromisso dos leigos na vida pública dos países latino-americanos*, afirma que "olhar para o povo de Deus é recordar que todos fazemos o nosso ingresso na Igreja como leigos" (5º par.).[1] Essa afirmação baseia-se no significado mais antigo dessa palavra: leigo é aquele que pertence ao povo ou que vem dele. A condição fundamental, portanto, de quem foi batizado é a condição de quem faz parte do povo de Deus, de quem, portanto, é leigo, de quem foi inserido na Igreja e passa a fazer parte da Igreja: "Batizaram-nos leigos, e é o sinal indelével que jamais poderá ser apagado" (6º par.). A identidade comum de leigo é adquirida no Batismo, e é ela que dá cidadania a quem foi batizado: "o primeiro sacramento, que sela para sempre a nossa identidade, e do qual deveríamos ser sempre orgulhosos, é o Batismo" (5º par.).

Uma teologia do sacramento do Batismo coerente com a tradição mais antiga tem que resgatar essa condição básica de quem foi introduzido na Igreja para ser parte de um povo que tem cidadania e que, por isso, foi inserido numa comunidade onde todos participam de uma igualdade fundamental. As diferenças decorrentes dos diversos serviços no interior dessa comunidade são acidentais e acessórias. É isso que tinha em perspectiva a *Lumen Gentium* ao insistir nas noções de povo de Deus e de sacerdócio comum dos fiéis.

---

[1] A partir de agora, todas as vezes que citarmos isoladamente o número do parágrafo entre parênteses, estaremos nos referindo à carta *O indispensável compromisso dos leigos na vida pública dos países latino-americanos*.

Se a missão de anunciar o Reino de Deus é o que define a Igreja, é o que constitui sua identidade como comunidade formada por todos os batizados e convocada à missão, perguntar sobre o laicato na Igreja em saída é perguntar sobre a identidade e sobre a razão de ser de quem foi batizado. Falar da missão da Igreja só tem sentido, portanto, quando anunciamos a missão de todo o povo de Deus que se realiza na história, em meio às pessoas: "A comunidade missionária entra na vida diária dos outros, encurta as distâncias, abaixa-se – se for necessário – até a humilhação e assume a vida humana, tocando a carne sofredora de Cristo no povo" (EG 24).

Ao dirigir-se aos bispos da Comissão para a América Latina e o Caribe, Francisco efetua um convite a "olhar para o povo santo fiel de Deus e sentirmo-nos parte integrante dele" (4º par.), além de fazer referência ao risco de se "funcionalizar a vida do povo ou por teorizar de tal modo que a especulação acaba por matar a ação" (4º par.). Para ele, portanto, está na hora de romper com a concepção que entende o povo apenas como parte da Igreja, mas que não garante a ele condições para que possa assumir o seu protagonismo. Essa consciência do protagonismo dos leigos na vida da Igreja, que decorre do Batismo e da Confirmação, ainda não se faz presente em toda a Igreja católica ou porque os leigos não foram formados para isso ou porque não encontram espaço nas Igrejas particulares para atuarem de forma consciente (EG 102).

Francisco tem se referido em diversos momentos ao perigo da autorreferencialidade no âmbito da Igreja católica em relação ao mundo, da própria hierarquia eclesiástica e da própria vida pessoal dos cristãos. O perigo da autorreferencialidade também está presente na carta *O indispensável compromisso dos leigos na vida pública dos países latino-americanos*, quando ela critica o clericalismo e o identifica como uma deformação: "Não podemos refletir sobre o tema do laicato ignorando uma das maiores deformações que a América

Latina deve enfrentar – e para a qual peço que dirijais uma atenção particular: o clericalismo" (7º par). Esse clericalismo, que consiste na mentalidade que vê a Igreja católica e o mundo a partir do eixo da hierarquia eclesiástica e que coloca o laicato num segundo plano, não é apenas uma forma de afirmar a autorreferencialidade da instituição, mas, sobretudo, de afirmar a autorreferencialidade da hierarquia eclesiástica. Para o papa, quatro são as consequências do clericalismo: anulação da personalidade dos cristãos, diminuição e subestimação da graça batismal, funcionalização do laicato e destruição do "fogo profético" da Igreja.

Para Francisco, portanto, o clericalismo é negativo não só para o laicato, que nessa perspectiva deve ser subordinado e secundarizado, mas também para toda a Igreja, ao rejeitar a dimensão de povo de Deus, adquirida no Batismo e que é inerente a todos os cristãos, e ao deixar de lado a vocação profética da Igreja. A lógica inerente a essa mentalidade nega a cidadania plena a todos os que fazem parte da Igreja: "o clericalismo esquece que a visibilidade e a sacramentalidade da Igreja pertencem a todo o povo de Deus e não só a poucos eleitos e iluminados" (7º par.).

O clericalismo se manifesta inclusive no imaginário e nas práticas dos leigos que assumem em seu cotidiano essa concepção. Assim, a mentalidade clerical é reproduzida de diversas maneiras, seja no autoritarismo visto como algo natural, seja até no uso das roupas litúrgicas muito comuns nos dias atuais.

Ao apontar esse problema, o papa toca no aspecto central da concepção da Igreja-instituição nos moldes como ela se dá na Igreja católica. Romper com o clericalismo é fundamental para resgatar a Igreja-povo de Deus tão valorizada pelo Vaticano II e avançar no sentido de uma estrutura eclesial que seja mais humana e mais identificada com o projeto de Jesus. Por isso, não basta apenas a elaboração de documentos avançados sobre os leigos e o seu protagonismo na comunidade eclesial; é necessário que se pense em mudanças estruturais na Igreja católica que efetivem esse protagonismo e que garantam que todos os batizados, de fato, possam exercer a cidadania batismal. Pensar em novas estruturas supõe também pensar em novos mecanismos de decisão – inclusive no que diz respeito à moral – e no acesso democrático de todos aos vários ministérios da Igreja. Nesse sentido, não se pode deixar de indicar duas demandas oriundas de diversos setores do laicato: o acesso das mulheres ao ministério ordenado e o fim da obrigatoriedade do celibato para exercício do sacerdócio.

Um tema bastante recorrente nos documentos de Francisco é o tema da reforma da Igreja: reforma permanente em resposta ao chamado de Cristo, como afirma o próprio Concílio (EG 26B). É a missão do povo de Deus que exige a reforma constante das estruturas eclesiais e que impulsiona quem tem a tarefa de realizar o serviço pastoral:

> A reforma das estruturas, que a conversão pastoral exige, só se pode entender neste sentido: fazer com que todas elas se tornem mais missionárias, que a pastoral ordinária em todas as suas instâncias seja mais comunicativa e aberta, que coloque os agentes pastorais em atitude constante de "saída"... (EG 27).

É preciso admitir, com Francisco, que as estruturas podem "condicionar o dinamismo evangelizador" e que elas, por si só, são limitadas e com o tempo podem se corromper; as estruturas se mostram úteis se existe um dinamismo que as faz avançar, e esse dinamismo é a própria evangelização (EG 26c).

O laicato, pela sua presença no mundo e pelas demandas próprias oriundas de sua condição, pode contribuir com a reforma das estruturas eclesiais apresentando a sua perspectiva, a sua sensibilidade e a sua compreensão da história. As reformas precisam ser adotadas levando-se em conta todo o povo de Deus e não apenas as demandas da hierarquia, por mais que sejam bem-intencionadas.

Para Francisco, a experiência da pastoral popular na América Latina é exemplo de uma experiência em que o clericalismo pouco influiu (8º par.), seja porque nesses espaços os leigos conseguem exercer com liberdade o seu protagonismo, seja porque nessas pastorais os pastores se abriram para os novos desafios colocados pelos leigos.

***

Escutar os leigos e colocar-se como seus companheiros é caminho para os pastores assumirem a condição de uma Igreja em saída, de portas abertas para as pessoas e para o mundo, colocando-se em atitude de serviço.

Na Igreja em saída todo o povo de Deus é convocado para sujar as mãos e enlamear-se (EG 45). Nesse sentido, os leigos certamente têm muito a ensinar a toda a Igreja tanto em termos de sua experiência de fé, como também no que diz respeito ao âmbito da moral e às condições concretas de sua existência. Francisco, referindo-se a Paulo VI, afirma que "a fé do povo, as suas orientações, buscas, desejos, anseios, quando os conseguimos escutar e orientar, acabam por nos manifestar uma presença genuína do Espírito" (9º par.).

Referências bibliográficas

FRANCISCO. Exortação Apostólica *Evangelii Gaudium*. São Paulo: Paulinas, 2013.

_____. *O indispensável compromisso dos leigos na vida pública dos países latino-americanos*. Recomendações pastorais. Carta à Assembleia Plenária da Pontifícia Comissão para a América Latina. São Paulo: Paulinas, 2016.

III
Com Jesus e com os pobres

Vera Ivanise Bombonatto

Desde o início do seu pontificado, o Papa Francisco não se cansa de convocar o povo de Deus para anunciar, com coragem e audácia, o Evangelho de Jesus Cristo ao mundo atual, dilacerado pela violência e necessitado de solidariedade e de paz, tendo um olhar preferencial para com os pobres. Esse convite traz consigo uma dupla exigência: ser discípulo missionário, cultivando profunda intimidade com Jesus e, ao mesmo tempo, conhecer os meandros da sociedade atual, sendo "sal da terra e luz do mundo" (Mt 5,13-14).

Para o Papa Francisco, evangelizar não consiste apenas em anunciar conteúdos religiosos ou uma sã doutrina, nem mesmo se reduz ao culto religioso ou ao cumprimento de preceitos morais. A alegria que emana da vivência do Evangelho carrega consigo o compromisso missionário e a alegria de anunciar a Boa-Nova aos mais necessitados "nas periferias geográficas e existenciais".

Nas palavras densas de significados e nos gestos coerentes do Papa Francisco, percebe-se claramente sua profundidade espiritual e seu testemunho inquieta as pessoas de boa vontade, particularmente, os cristãos leigos e leigas, como sujeitos eclesiais. Sua vida espiritual intensa e seu compromisso missionário não são dois aspectos separados um do outro, mas um modo de viver, um estilo de vida, comprometido com o seguimento de Jesus e vivido no contexto de uma "Igreja em saída".

O encontro com Jesus Cristo

Para o Papa Francisco, o seguimento de Jesus tem características profundamente evangélicas: está centrado na pessoa de Jesus e leva a reproduzir sua prática em favor dos pobres. Encontrar Jesus é encontrar, com ele, os pobres. Deus é amor (1Jo 4,8), ele nos amou primeiro e enviou seu Filho Jesus ao mundo para nos revelar seu rosto terno e misericordioso. Jesus é a Palavra do Pai que veio ao nosso encontro, armou sua tenda entre nós (Jo 1,14), nos deu o seu Espírito e garantiu que estará conosco até o fim dos tempos (Mt 28,20).

Francisco convida as mulheres e os homens de todas as raças e credos a contemplarem Jesus que, em sua existência terrena, "inseriu-se no universo criado, partilhando a própria sorte com ele até a cruz", pois o destino da criação inteira passa pelo mistério de Cristo que nela está presente desde a origem (LS 99).

Seguir Jesus é responder ao seu chamado. "Ao início do ser cristão, não há uma decisão ética ou uma grande ideia, mas o encontro com um acontecimento, com uma Pessoa que dá à vida um novo horizonte e, desta forma, o rumo decisivo" (EG 7). O Papa Francisco afirma que não se cansará de repetir essas palavras do seu antecessor Bento XVI que, segundo ele, "nos levam ao centro do Evangelho" e nos convocam a viver a espiritualidade do seguimento de Jesus.

"A situação atual do mundo gera um sentido de precariedade e insegurança, que, por sua vez, favorece formas de egoísmo coletivo" (LS 204). O encontro com Jesus nos provoca e convoca a sair do isolamento e da autorreferencialidade, dilata o nosso coração e nos lança na ação evangelizadora e missionária, pois quem acolhe o amor que dá sentido à vida, não pode conter essa experiência somente para si (EG 8): envolve-se na doce e reconfortante alegria de evangelizar (EG 9-10). Esse encontro com Jesus Cristo nos leva a entrar no processo de humanização e, quando chegamos a ser plenamente humanos, quando permitimos que Deus nos conduza para além de nós mesmos, alcançamos nosso ser verdadeiro e encontramos a fonte da ação evangelizadora.

O encontro por excelência com o Deus da vida, manifestado em Jesus Cristo e realizado na força do Espírito, torna-se protótipo de todos os nossos encontros. Nele se fundamenta e desenvolve a "cultura do encontro" tão almejada pelo Papa Francisco e tão necessária em nossos dias. Essa cultura do encontro consiste, antes de tudo, em sair ao encontro do outro. Por isso, o Papa Francisco insiste que os cristãos e as cristãs devem ser "pessoas em saída". Na própria história da salvação, a revelação de Deus, na vida e história de Jesus de Nazaré, realiza-se em eventos de encontro e com palavras dialógicas.

De fato, a mística do Evangelho nos leva

> a abraçar o risco do encontro com o rosto do outro, com a sua presença física que interpela, com os seus sofrimentos e suas reivindicações, com a sua alegria contagiosa permanecendo lado a lado. A verdadeira fé no Filho de Deus feito carne é inseparável do dom de si mesmo, da pertença à comunidade, do serviço, da reconciliação com a carne dos outros. Na sua encarnação, o Filho de Deus convidou-nos à revolução da ternura (EG 88).

Trata-se de "aprender a descobrir Jesus no rosto dos outros, na sua voz, nas suas reivindicações; e aprender também a sofrer, num abraço com Jesus crucificado, quando recebemos agressões injustas ou ingratidões, sem nos cansarmos jamais de optar pela fraternidade" (EG 91).

A dinâmica do seguimento de Jesus Cristo não se confunde com o fundamentalismo ou o individualismo, nem é uma espiritualidade alienante que apresenta "Jesus Cristo sem carne e sem compromisso com o outro" (EG 89). É uma mística profética que se preocupa com o ser humano na sua totalidade e, ao mesmo tempo, convoca à comunhão solidária e à fecundidade missionária. É uma mística com um coração misericordioso.

A misericórdia, núcleo central da vida cristã

"Felizes os misericordiosos porque encontrarão misericórdia", garantiu Jesus (Mt 5,7). Ele é o rosto da misericórdia do Pai. Com sua pessoa, com seus gestos, suas palavras, revela a misericórdia de Deus Pai.

A misericórdia é o núcleo central dos ensinamentos e da práxis de Jesus. É também o núcleo central e chave de leitura dos gestos, das palavras e dos escritos de Francisco. Não é possível entender o Papa Francisco, ignorando o caminho da misericórdia. Não é possível entender o ser cristãos sem a prática da misericórdia, no cotidiano da vida. A misericórdia é o caminho que une Deus ao ser humano, porque abre o coração à certeza de sermos amados desde sempre e para sempre, apesar das nossas fragilidades e dos nossos pecados.

Francisco afirma:

> a pessoa que dá um pequeno passo em direção a Jesus, já descobre que ele esperava com braços abertos. Por maior que tenha sido o afastamento, a desilusão, o pecado, Deus nunca se cansa de perdoar, somos nós que nos cansamos de pedir a sua misericórdia. (...) Ele permite-nos levantar a cabeça e recomeçar, com uma ternura que nunca nos defrauda e sempre nos pode restituir a alegria... (EG 3).

Ter um coração misericordioso não significa ter um coração débil. Quem quer ser misericordioso precisa de um coração forte, aberto para Deus e fechado para os apelos do mundo, um coração que se deixe impregnar pelo Espírito e trilhar os caminhos do amor que conduzem aos irmãos e irmãs, em síntese, um coração pobre que conhece as suas limitações e que se doa pelo outro.

O Papa Francisco vive intensamente a mística do seguimento a Jesus Cristo e tem se constituído em um guia espiritual edificante, nesta época carente de verdadeiros líderes. Sua proposta de seguimento de Jesus está profundamente relacionada com os rejeitados pela sociedade do poder e da abundância.

Ouvir o clamor dos pobres

O Papa Francisco fez da opção pelos pobres uma das linhas-mestras do seu pontificado. Essa opção nasce da fé em Jesus Cristo, o Deus feito homem, que se fez nosso irmão (cf. Hb 2,11-12). Não se trata, portanto, de uma opção estratégica, mas evangélica, fundamentada em Jesus de Nazaré, nos seus ensinamentos, na sua práxis e no seu estilo de vida. É a fé cristológica que confere sentido último e inesgotável à opção pelos pobres.

Para quem segue Jesus, a opção pelos pobres deriva da fé em Cristo, que se fez pobre e sempre se aproximou dos pobres e marginalizados, preocupando-se com o desenvolvimento integral dos mais abandonados da sociedade (EG 186). Por conseguinte, a Igreja deve estar envolvida "tanto na cooperação para resolver as causas estruturais da pobreza e promover o desenvolvimento integral dos pobres, como em realizar gestos simples e diários de solidariedade para com as misérias muito concretas que encontramos" (EG 188).

Para o Papa Francisco,

> uma fé autêntica – que nunca é cômoda nem individualista – comporta sempre um profundo desejo de mudar o mundo, transmitir valores, deixar a terra um pouco melhor depois da nossa passagem por ela. Amamos este magnífico planeta, onde Deus nos colocou, e amamos a humanidade que o habita, com todos os seus dramas e cansaços, com os seus anseios e esperanças, com os seus valores e fragilidades. A terra é a nossa casa comum, e todos somos irmãos (EG 183).

Existe um vínculo indissolúvel entre a nossa fé e os pobres. Não os deixemos jamais sozinhos! (EG 48). Este "imperativo de ouvir o clamor dos pobres faz-se carne em nós, quando no mais íntimo de nós mesmos nos comovemos à vista do sofrimento alheio" (EG 193), quando não somos insensíveis às vítimas deste sistema econômico idolátrico.

A indissolubilidade entre a fé e os pobres é a revelação graciosa de que nosso Deus não é indiferente, nem imparcial, pois ele ouve o clamor dos pobres e toma a sua defesa. O clamor por justiça, na boca dos pobres, torna-se oração que chega ao Senhor. A presença dos discípulos junto aos pobres e a solidariedade nas suas organizações em prol da vida é um sinal de que o Evangelho continua sendo uma boa notícia de alegria (EG 198).

Esse "imperativo de ouvir o clamor dos pobres faz-se carne em nós, quando no mais íntimo de nós mesmos nos comovemos à vista do sofrimento alheio" (EG 193), quando não somos insensíveis às vítimas deste sistema econômico idolátrico. Diante desse sistema que mata, é preciso reafirmar, criar e apoiar ações políticas e sociais que respeitem o princípio do ensino social da Igreja, que afirma que a propriedade privada não é absoluta, mas sim precedida pela sua função social em prol do bem comum e da solidariedade em devolver ao pobre o que lhe corresponde (EG 189).

Enfim, para o Papa Francisco, a preocupação para com os pobres "é uma mensagem tão clara, tão direta, tão simples e eloquente que nenhuma hermenêutica eclesial tem o direito de relativizar" (EG 194).

Tomar a cruz e seguir Jesus

Seguir Jesus significa tomar a cruz e acompanhá-lo em sua jornada, reconhecendo-o presente no corpo desfigurado dos que vivem à margem da história. Significa percorrer um caminho nada cômodo, que não é o do sucesso, da glória passageira, mas que leva à verdadeira liberdade e nos livra do egoísmo e do pecado.

Trata-se de rejeitar a mentalidade contrária ao Evangelho, que coloca o próprio eu e os próprios interesses no centro da existência: essa atitude está na contramão da proposta de Jesus. Pelo contrário, Jesus nos convida a perder a própria vida por ele, pelo Evangelho, para recebê-la renovada e ressuscitada. Temos a certeza, graças a Jesus, de que esse caminho leva à vida plena e definitiva com Deus. Decidir segui-lo, ao nosso Mestre e Senhor que se fez servo de todos, exige caminhar atrás dele e ouvir atentamente seus ensinamentos para colocá-los em prática.

Quando falta motivação para anunciar o Evangelho de Jesus, deve-se rezar pedindo na oração que ele volte a nos cativar; permanecer com ele e contemplá-lo presente em nós, no próximo nas realidades que nos circundam. É urgente recuperar o espírito contemplativo que nos permita redescobrir que somos "depositários dum bem que nos humaniza, que ajuda a levar a vida nova. Não há nada de melhor para transmitir aos outros" (EG 164).

A religiosidade popular vivida no cotidiano

Para o Papa Francisco, o cotidiano é o lugar privilegiado para a vivência do seguimento de Jesus, valorizando a religiosidade popular, com suas expressões, pois estas "brotaram da encarnação da fé cristã numa cultura popular". Elas incluem uma relação pessoal com Deus, Jesus Cristo, Maria, um santo: têm carne, têm rostos. Estão aptas para alimentar potencialidades relacionais e não tanto fugas individualistas (EG 90).

É importante perceber e estimular o caráter libertador e profético da religiosidade popular, pois, como cristãos e comunidade cristã, somos chamados a ser instrumentos de Deus na libertação e promoção dos pobres.

***

O Papa Francisco caminha com Jesus e com os pobres. Sua convocação para seguir Jesus está fundamentada na teologia do seguimento de Jesus. É uma proposta unificadora, que supera todo tipo de dicotomia entre fé e vida, ser e fazer, espiritualidade e ação pastoral, individual e comunitário.

Para o Papa Francisco, "não servem as propostas místicas desprovidas de um vigoroso compromisso social e missionário, nem os discursos e ações sociais e pastorais sem uma espiritualidade que transforme o coração. Estas propostas são parciais e desagregadoras e mutilam o Evangelho" (EG 262). O papa lembra que é importante cultivar momentos de adoração, de leitura orante da Palavra e de diálogo sincero com o Senhor, para encontrar significação e ardor. Não convém cair na tentação de uma "espiritualidade intimista e individualista, que dificilmente se coaduna com as exigências da caridade, com a lógica da encarnação" (EG 262).

O teólogo espanhol José María Castillo (em artigo publicado por *Religión Digital*, 27 maio 2017) sintetiza de forma magistral a proposta do papa: "A teologia de Francisco é, sobretudo, a teologia do seguimento de Jesus. Uma teologia com a qual não estamos acostumados. Por isso, desconcerta a uns, irrita a outros, e a todos nós coloca perguntas que não sabemos responder. Perguntas que despachamos, dizendo tranquilamente (e, às vezes, irritados) que esse papa "não sabe Teologia", nem é o papa de que a Igreja precisa. Será que não é a nossa Teologia que anda mais desorientada do que possamos imaginar?"

IV
Papa Francisco e a crítica ao clericalismo

Antônio S. Bogaz e João H. Hansen

Todas as declarações, orais, escritas, em forma de documentos ou jornalísticas apresentam sempre novidades e surpresas. Depois de vários anos de pontificado, o Papa Francisco ainda surpreende os católicos, com caminhos de esperança, os cristãos, com indagações evangélicas e todos os homens de boa vontade, com interpelações simples e provocantes. Nessas suas manifestações, um traço significativo é a profecia, sem elucubrações e com grande coragem, sempre muito direto e delicado. Em termos civis, conclama para a justiça, para os perigos do capitalismo, denuncia os perigos da guerra e a desumanidade das fronteiras fechadas aos refugiados. Para esse discurso, não tem medo de envolver os cristãos católicos, seus fiéis primordiais, em questões internacionais, como a luta contra a droga, os sistemas espoliatórios dos pobres e a indústria das guerras.

Status quaestionis

Ainda cardeal, Jorge Bergoglio manifestou sua preocupação com o forte clericalismo que reinou na Igreja nos últimos séculos, particularmente no Segundo Milênio, foi se abrandando nas décadas seguintes, depois do Vaticano II, e novamente ganhou ímpeto nos últimos anos. Ao falar de uma Igreja em saída, ele propõe que os seus servidores primeiros (bispos e padres) estejam mais voltados para os irmãos e menos para suas sacristias. Iniciou-se o brado convocando para dirigir-se às periferias existenciais. Sua crítica à imagem de Igreja autorreferencial, servidora de si mesma, marcada por um grande narcisismo, não é evangelizadora. O clericalismo menospreza o leigo que não seja um admirador do clero e de seus rituais solenes e suntuosos e o faz seu servo e seu admirador, quando não fortemente bajulador.

Nosso continente sempre caminhou na contramão do clericalismo, desde seus primeiros tempos de missão, pois a carência de clero ordenado fez com que se praticassem muitos rituais leigos e com que a evangelização se concretizasse em seus moldes mais populares. A religiosidade não permitiu que os leigos se clericalizassem, e mesmo assim não arrefeceu seus pilares cristãos e católicos, como a Eucaristia, Maria e os santos e a Igreja.

As três atividades significativas da integração dos leigos e leigas foram os grupos bíblicos, que aprofundaram a Palavra, com simplicidade e sem virtuosismos exegéticos, as comunidades eclesiais, que coordenaram a vida das capelas e a religiosidade dos povoados (promessas, procissões, lutas pelo bem comum), e os conselhos pastorais, que foram eficientes em organizar e fecundar as comunidades, sem a presença dos ministros ordenados, concebendo, inclusive a celebração de ritos que não exigiam a presença do sacerdote. Mesmo sem o clero tão presente, o povo de Deus nunca deixou de rezar, celebrar e viver a Palavra. Assustou a revogação do clericalismo que outra vez desprezou as atividades dos leigos e os jogou novamente na periferia da missão da Igreja (Guzmán Carriquiry, *Revista IHU on-line*, n. 513, 20 abr. 2017).

Essa questão é definida com precisão numa carta escrita aos seus bispos conterrâneos, onde afirma que “a enfermidade típica da Igreja é olhar para si própria, encurvada sobre si mesma”, o que leva a “uma espécie de narcisismo que nos conduz ao mundanismo espiritual e ao clericalismo sofisticado” (Assembleia Geral da Conferência dos Bispos da Argentina. 25 mar. 2013).

Clero e clericalismo

O clero é a parte ordenada do povo de Deus que participa do múnus sacerdotal e ministerial da Igreja, para servir o Evangelho, para celebrar, enfim, para servir o povo de Deus, com amor e doação. O clericalismo é o vício onde o clero se profissionaliza, se veste de privilégios e se faz "senhorio", colocando o leigo para servi-lo e para venerá-lo, como humildes súditos.

Dentre seus escritos, destacamos a Encíclica *Evangelii Gaudium*, como um apelo missionário fundamental. Para a ação evangelizadora, é importante e fundamental rever a identidade da Igreja, tornando sua presença na história mais profética e simples em suas estruturas. Alguns elementos para a eclesiologia *ad intra* são fundamentais para tornar a Igreja mais presente no mundo contemporâneo, servindo como fermento na realidade histórica.

Nessa encíclica, o papa aponta tentações dos servidores da Igreja, sobretudo o individualismo, que suscita a fé pessoal e intimista, a crise de identidade, pela qual não se sente cristão dentre tantas religiões, bem como a perda do fervor, que leva ao desânimo e desconforto dos fiéis. É grande o perigo e a ameaça constante do "pragmatismo cinzento da vida cotidiana da Igreja em que aparentemente tudo procede com normalidade, mas, na realidade, a fé se vai desgastando" (EG 33). Ser cristão é ser força para contrapor o "pessimismo estéril". Numa expressão maravilhosa, o papa ensina que é a hora de colocar em marcha a "revolução da ternura". Sem vencer o mundanismo espiritual, não se conquistam nem se constroem compromissos fraternos. Nesse caminho, destaca-se um toque de fraternização dos fiéis cristãos, num aceno crítico ao "clericalismo endêmico da nossa comunidade eclesial", pois a divisão interna "em lugar de evangelizar, julga e classifica os irmãos".

Nesse clericalismo, incorre-se no desvirtuamento dos propósitos originais do projeto cristão, pois muitos clericais desenvolvem um "cuidado ostensivo da liturgia, da doutrina e do prestígio da Igreja, mas sem se preocuparem com que o Evangelho tenha uma real inserção" (EG 95). O papa assinala que existe "uma tremenda corrupção com aparência de bem". E continua quase que suplicando para que "Deus nos livre de uma Igreja mundana sob roupagens espirituais ou pastorais!". Trata-se de um apelo para que os fiéis e, sobretudo, o clero sejam mais fraternos, e que este último exerça seu ministério sem tantas pompas.

Em suas exortações, pronunciamentos e escritos, o Papa Francisco suplica que as comunidades sejam diferentes de outras estruturas sociais e políticas e, portanto, não se deixem dominar e embrutecer pela inveja e pelos ciúmes, que mancham a honra do povo de Deus e promovem tristes guerras (Carta ao Cardeal Marc Ouellet, 26 abr. 2016). Esses componentes nocivos dentro das comunidades são fortes impedimentos para a evangelização e a alegre acolhida da mensagem do Senhor para tantos neófitos.

Nesse trabalho árduo da evangelização, a parceria entre o clero e o laicato é fundamental. Um fator positivo na superação do clericalismo é o crescimento da responsabilidade comum, que tantas vezes fica à margem das decisões e mesmo da missão concreta. Por certo, insiste a "emarginação" dos leigos na missão da Igreja se deve ao "excessivo clericalismo" (Comissão Missão dos Fiéis da América Latina. Assembleia Plenária, 26 abr. 2016).

Nessa reflexão e apontamento de caminhos para a superação desse "excessivo clericalismo", considera-se fundamental a inclusão da missão das mulheres na vida da Igreja. Revoga-se mais uma vez a importante presença feminina na pastoral da Igreja, "em particular nos diversos lugares onde se tomam as decisões importantes". Forte crítica implícita ao clericalismo, são "as reivindicações dos legítimos direitos das mulheres... não se podem iludir superficialmente" (carta ao Cardeal Marc Ouellet, 26 abr. 2016). É um aceno semelhante por maior protagonismo dos jovens.

O clericalismo exacerbado pode ser ainda refreado no contexto da inculturação, pois as culturas contemporâneas abrangem mais ampla e livremente a presença das mulheres em seus quadros sociais, artísticos e políticos. A Igreja precisa abrir-se a essas novas realidades, para integrar-se nesse universo hodierno. Pós-conciliar é a proposição de uma comunidade eclesial integrada nas cosmovisões destes novos tempos, que edifica uma Igreja com rosto mais pluriforme.

Papa Francisco acena para os cristãos que possam expressar a fé cristã superando os modelos europeus e que reconquistem o rosto universal da família cristã. Afinal, a Igreja não é cristã porque está no mundo inteiro, mas é universal porque o mundo inteiro está dentro dela com suas culturas, sua linguagem, suas etnias e suas expressões simbólicas.

Para a "desclericalização" do rosto da Igreja, a reflexão teológica tem importante papel, pois não serve à evangelização uma "teologia de gabinete", uma vez que os pastores, agentes de pastorais e teólogos devem assumir a piedade popular e ser solícitos aos sentimentos religiosos dos povos. Não podem estar desvinculadas a força e a finalidade evangelizadora da Igreja.

Igual dignidade: um olhar bíblico

Numa celebração na Casa Santa Marta (homilia, 8 out. 2016), tocado pela mensagem bíblica, o Papa Francisco aponta o espírito do clericalismo como um mal presente na Igreja de nossos tempos, como também em outros períodos históricos da história eclesiástica. Trata o tema como um "mal presente na Igreja", que provoca o sofrimento no povo de Deus, pois, diante dessa realidade, sente-se excluído. Ao falar ao Conselho dos Cardeais, lamenta que o povo mais humilde e pobre acredita profundamente em Jesus Cristo e torna-se vítima dos intelectuais dos líderes religiosos. Esse povo pode ser assaltado tanto por parte do clero quanto pelos que criticam as práticas religiosas. Ele diz que os leigos, nesses casos, são "seduzidos pelo clericalismo e que, por isso, no Reino dos céus serão precedidos pelos pecadores arrependidos" (13 dez. 2016).

Para aprofundar o tema, nosso papa parte da proclamação do Evangelho de Mateus (Mt 21,28-32). Nesse texto, encontramos a crítica de Jesus aos chefes dos sacerdotes e anciãos da comunidade judaica. Essa passagem é muito significativa para aprofundar o argumento da valorização dos leigos. Eis seu pronunciamento, a partir do Evangelho do dia:

> Tinham a autoridade jurídica, moral e religiosa, decidiam tudo. Anás e Caifás, por exemplo, explicou Francisco, "julgaram Jesus", eram os sacerdotes e os chefes que "decidiram matar Lázaro" ou, ainda, "negociaram com Judas", que vendeu Jesus. Francisco questionou: mas como chegaram a este "estado de prepotência e tirania", instrumentalizando a lei? Uma lei que eles refizeram inúmeras vezes: tantas vezes até chegar a 500 mandamentos.

Fica evidente que a crítica aos sacerdotes da Antiga Aliança é pretexto para uma apreciação crítica ao clericalismo de nossa própria comunidade eclesial e de seu clero. Recorda o papa que os sacerdotes e anciãos do povo "tinham a autoridade jurídica, moral e religiosa, decidiam tudo, e que Anás e Caifás 'julgaram Jesus'".

Acrescenta ainda que foram os tais sacerdotes e chefes que "decidiram matar Lázaro". Foram eles ainda que "negociaram com Judas" e intermediaram a entrega de Jesus por poucas moedas de dinheiro. Eram tantas leis, as quais serviam particularmente para os leigos e eles não moviam um dedo sequer. Eis a citação, para confirmar a reflexão: "Pois atam *fardos* pesados e difíceis de suportar, e os põem aos ombros dos homens; eles, porém, nem com o dedo querem movê-los" (Mt 23,4). Eram tantas pequenas regras e leis, que serviam apenas para tornar a prática religiosa pesada e cansativa, mas que não transformavam a sociedade. O convite de Deus a Abraão para caminhar na sua presença e ser irrepreensível (Gn 17,1) servia apenas para os outros e não para eles. Na verdade, a lei deles, um tanto intelectual, sofisticada e casuística, dificultava a fidelidade ao Senhor. Ao mesmo tempo, o povo se inclinava diante de Deus e cumpria essas leis, sofrendo imposições e injustiças. O papa repete incisivamente que os leigos, diante do clericalismo que acua e acusa, "sentem-se condenados, abusados, por quem é presunçoso, orgulhoso, soberbo" (13 dez. 2016). Numa paráfrase, recorda que o Judas, infeliz e traidor, não foi acolhido pelos sacerdotes, pois não se fizeram seus pastores. Ao contrário, o abandonaram em seu pecado, lavaram as mãos e o condenaram. Aqueles intelectuais da religião, senhores das leis e dos rituais, ensinavam a catequese sem sentimento e uma moral sem coração. Eram puramente doutrinas, leis e condenação. Esse é o mal que pode afligir nossos leigos, quando seus pastores se afastam da mesma realidade de fiéis, que compartilham diante de Deus e se tornam seus senhores e seus julgadores.

Esse perigo ronda nossa Igreja, em nossos tempos, pois, quando "os clérigos se sentem superiores, os mesmos se afastam dos fiéis leigos e não os escutam, não os acolhem e não compartilham seu destino". Não têm hesitação suas palavras, pois afirmam que "o mal do clericalismo é uma coisa muito feia! É uma nova edição desta gente. E a vítima é a mesma: o povo pobre e humilde, que tem esperança no Senhor".

Pode se perceber como sua reflexão aproxima os dois universos: aquele judaico do tempo de Jesus e o dos nossos tempos, em que a realidade pode repetir a distância entre o laicato e o clero. Seu juízo é buscado nas próprias palavras de Jesus, pois "também hoje Jesus diz a todos nós e também a quem está seduzido pelo clericalismo". Vamos recordar a passagem bíblica que nos ensina, de forma profética, que "os pecadores e as prostitutas entrarão primeiro no Reino dos

Céus" (Mt 21,31). Somos todos convidados a rever, pela iluminação bíblica, as posturas do clero e sua relação com os leigos.

Clericalismo *versus* profecia

Numa outra celebração, também na Casa Santa Marta, o tema da profecia emergiu da leitura bíblica e o papa uniu o tema ao apelo da fraternidade, pois o clericalismo renega o espírito profético.

Para conceituar profecia e vinculá-la ao tema do clericalismo, falou da missão da Igreja, dizendo que

> o profeta é um homem de três tempos: promessa do passado, contemplação do presente e coragem para indicar o caminho para o futuro. E o Senhor sempre protegeu o seu povo com os profetas, nos momentos difíceis, nos momentos nos quais o povo estava desencorajado ou destruído (celebração na Casa Santa Marta, 16 dez. 2013).

Jesus foi um grande profeta, mas os sacerdotes o questionaram, desacreditando de sua autoridade. De onde deveria advir a acolhida, vem a negação da fé. "Quando no povo de Deus não tem mais profecia, o vazio da evangelização é dominado pelo clericalismo". Nessa mesma celebração, o papa eleva uma prece, suplicando ao Pai que haja sempre força de profecia para transformar o mundo. Ele reza assim: "'Senhor, que não faltem os profetas ao seu povo!'. Todos nós batizados somos profetas. Que não nos fechemos na legalidade que fecha as portas! Senhor, livra o seu povo do espírito do clericalismo e o ajude com o espírito de profecia" (homilia, 8 out. 2016).

A grande esperança e o apelo do papa é de que a Igreja seja mais fraterna e que o clericalismo não seja um empecilho para a profecia e para a renovação de toda a Igreja. A força dos leigos é fundamental para renovar a vida eclesial e seguir sendo testemunho do Evangelho e construir um mundo onde reine o amor de Deus, um mundo de irmãos, uma Igreja de fiéis iguais em dignidade.

Palavras duras e amorosas

É sempre notável a ternura do papa pelos bispos, sacerdotes e diáconos. A Igreja, segundo o papa, conta muito e espera muito de seus ministros consagrados. Por outro lado, ele é exigente em relação à missão do clero na Igreja, para realizar sua missão em parceria com os leigos, nas comunidades, na paróquia e na sociedade. Em várias ocasiões, o papa critica com veemência o clericalismo. Sempre nas missas da capela de Santa Marta, o Papa Francisco (homilia, 13 dez. 2016) compara o clero católico e leigos prepotentes nos quadros eclesiásticos aos chefes dos judeus que perseguiram Jesus e mesmo o levaram à morte. O papa insiste que o povo humilde e pobre que vive na Igreja é a primeira vítima do espírito clerical. Esses leigos tão preciosos na construção da vida da Igreja são descartados, condenados e abusados pelos poderosos da nossa Igreja. Os poderosos sempre são muito presunçosos, orgulhosos e soberbos. Para mostrar e converter os homens de Igreja com espírito clerical, o papa fala com grande agressividade e os compara ao clero do templo, nos tempos de Jesus. Como existe uma crítica consensual ao clericalismo judaico, esse é o modelo crítico para censurar o clericalismo cristão.

Destacamos que a preocupação com o clericalismo excessivo na Igreja é uma preocupação deste pontificado, desde sua origem, pois sabemos que uma semana antes de ser eleito ao papado, o Cardeal Bergoglio combateu o excesso de poder do clero e a desvalorização dos leigos na vida da Igreja (Colégio dos Cardeais, 7 mar. 2017). Acredita-se que esse seu discurso foi importante e influenciou na sua eleição papal, mostrando, assim, que havia grande interesse de todo o colégio cardinalício na diminuição do clericalismo.

Falando aos seminaristas do Pontifício Seminário Regional Pio XI (Puglia, Itália, 11 mar. 2017), o discurso revela sua preocupação: "Se tens medo do pobre, a tua vocação está em perigo". E novamente disse que a Igreja deve se dedicar aos pobres, e que essa opção se opõe ao clericalismo. Afinal, "um sacerdote que se separa do povo não é capaz de dar a mensagem de Jesus. Não é capaz de dar o carinho de Jesus às pessoas" (homilia, 16 dez. 2016). Dessa feita, vincula-se o clericalismo excessivo ao conservadorismo rigorista e ao afastamento do povo.

Encontramos aqui uma definição importante sobre o tema que reportamos. Desse modo, "clericalismo é a doutrina e maneira como se organiza em boa medida a Igreja Católica, segundo a qual os membros da hierarquia (cardeais, bispos, padres e uma elite de leigos, em geral ricos) como o centro da vida do catolicismo" (homilia, 13 dez. 2017). Não se trata de eliminar a força e a importância do clero e sua missão; preocupa o papa o fato de que o leigo seja menosprezado. Em geral, essa tendência pertence ao pensamento conservador dos fiéis da Igreja. Esse sentimento clericalista produz nos leigos um grande temor dos fiéis diante do padre. O padre não é proprietário da Igreja, mas servo do povo e dedicado aos fiéis. Destacamos que um dos eixos do pontificado de Francisco é o combate ao clericalismo, em que faz um embate para simplificar a missão da hierarquia católica. É triste o "espírito do clericalismo", pois com isso "os clérigos se sentem superiores, se afastam das pessoas, não têm tempo para escutar os pobres, os que sofrem, os presos, os doentes" (homilia, 13 dez. 2017). O Papa Francisco acredita que o antídoto para o clericalismo é a dedicação dos clérigos aos pobres. Corre o risco de o clericalismo gerar a fascinação pela riqueza e, com provável hipocrisia, a rigidez moral. Viver como irmãos é um sinal forte de fraternidade entre os leigos e o clero.

Clericalismo em questão

Na América Latina, o clericalismo sempre esteve presente, como ademais em todos os continentes. No entanto, o laicato sempre foi muito presente e operante entre nossos povos, uma vez que sempre presenciamos a falta de sacerdotes em nossas cidades, especialmente distantes dos grandes centros urbanos. Nas comunidades dos grandes sertões e das distantes florestas, a presença dos ministros ordenados sempre foi mínima, forçando a criação de grandes movimentos da religiosidade popular, capazes de suprir a carência dos sacramentos. Em muitos pontos, também a presença das religiosas e dos religiosos sempre foi importante, sobretudo junto às regiões mais pobres. Regiões nortistas e nordestinas, bem como do Centro-oeste, sempre contaram com a ação pastoral, catequética e litúrgica dos leigos e leigas rezadores, com seus benditos, suas procissões e novenas. Importante ressaltar a reza do terço, que nutriu de forma genuína e preciosa a espiritualidade dos fiéis por longas décadas e, sobretudo, por séculos.

A presença rarefeita dos ministros ordenados não impediu que o povo fosse, quanto possível, evangelizado, mas careceu de catequese mais sistemática e da formação aos sacramentos. Nas décadas pós-conciliares, a situação se agravou, devido à diminuição e ao envelhecimento do clero ou à manutenção de seus quadros, apesar da explosão demográfica de nossos países latinos. Nas últimas décadas, a partir de um movimento revisionista pré-conciliar, como julgam os estudiosos da religião, o clero se reimpostou, em grandes regiões, como clericalista. Isso se tornou então uma preocupação do pontificado de Francisco.

Na escrita ao Cardeal Marc Ouellet, presidente da Pontifícia Comissão para a América Latina e o Caribe, o papa declara que o "clericalismo é uma das maiores deformações" a serem corrigidas na nossa

Igreja. O clero é importante e sua missão é fundamental para a vida eclesial e a missão, mas o clericalismo, que é o acento exacerbado no domínio do clero, em detrimento da participação do leigo, "vai apagando aos poucos o fogo profético que toda a Igreja é chamada para dar testemunho no coração de seus povos" (27 abr. 2016).

Unido ao clericalismo, encontramos a elite laical que se volta somente para as "coisas dos padres", congestionando os altares e enfraquecendo a luta cotidiana, em que o leigo é protagonista, para viver a fé e transformar a sociedade. Mais ainda, ele afirma, "não é o pastor que deve dizer ao leigo aquilo que ele deve fazer e dizer" na vida pública.

De forma irônica, o sumo pontífice diz que ninguém foi batizado padre ou bispo. Repete a frase clássica: "é hora do leigo", mas parece "que o relógio parou".

A Pastoral Popular, na América Latina, contribuiu para que o leigo atuasse sem tanta dependência do clericalismo, sobretudo nas práticas litúrgicas da religiosidade popular. Para conclamar a força e a importância do laicato, cita a *Lumen Gentium*, que apresenta a importância do laicato na vida da Igreja:

> por leigos entendem-se aqui todos os cristãos que não são membros da sagrada Ordem ou do estado religioso reconhecido pela Igreja, isto é, os fiéis que, incorporados em Cristo pelo Batismo, constituídos em Povo de Deus e tornados participantes, a seu modo, da função sacerdotal, profética e real de Cristo, exercem, pela parte que lhes toca, a missão de todo o povo cristão na Igreja e no mundo (31).

Nessa importante constituição do Concílio Vaticano II, entendemos a relevância do leigo, o qual "leva a uma homologação do laicato, tratando-o como mandatário". E continua afirmando que "o clericalismo, longe de dar impulso às diversas contribuições e propostas, vai apagando pouco a pouco o fogo profético de que toda a Igreja é chamada a dar testemunho no coração dos seus povos" (homilia, 29 abr. 2016).

Para revisar a relação entre o clero e o laicato, é preciso a inculturação da fé, um caminho a ser devastado em mutirão, para renovar a força dos leigos e sua participação com os ministros ordenados, numa missão complementar saudável. Deve-se estar atento para não se alimentar de *slogans* que exaltam os leigos, mas que na prática os deixa à margem das estradas da vida eclesial, sobretudo na vida litúrgica e nos espaços da teologia.

Nosso Papa Francisco fala em conservar duas memórias. A primeira memória é a identidade do próprio Senhor, que viveu como leigo, diante das estruturas templárias hebraicas, participando dos ritos como os fiéis, na sinagoga, nas famílias e nas praças. A segunda memória se refere ao santo povo fiel de Deus, que não pode ser erradicado da sua fé. A missão do clero fraterno e parceiro é servir o povo com alegria e estimular a serem protagonistas na Igreja. Não se trata de uma concessão do clero; falamos dos seus próprios direitos, pois participam da vida da Igreja como verdadeiros irmãos. Superamos o clericalismo quando não nos servimos deles, mas a eles servimos.

Do clericalismo à clericalidade

A história do mundo muitas vezes parece ser cíclica, e acabamos retornando a situações políticas, sociais ou religiosas desagradáveis. A clássica expressão "déjà vu" está sempre de volta em nossas vidas. Lembramos que tivemos anteriormente um anticlericalismo que realmente marcou a Igreja, no século XIX, quando os chamados modernistas e liberais, juntamente com os governos, começaram a romper com a Santa Sé. O anticlericalismo veio como um cometa sobre os fiéis, aqueles que continuaram a seguir sua fé e os que, envoltos por cinzas, começaram a negar suas devoções e suas crenças.

Os confrontos políticos e ideológicos fizeram das reflexões e dos ideais um emaranhado de equívocos. Lembremos o Marquês de Pombal que expulsou os jesuítas de Portugal, tomando conta das obras assistenciais da Igreja. E foi o povo pobre que acabou pagando essa triste conta, de resto, como sempre. E todos os desmandos são sempre processados em nome do povo, que figura sempre com uma atitude hipócrita e fantasiosa.

O anticlericalismo foi, sem dúvida, um grande divisor de águas. Não podemos arriscar a fé dos leigos. Buscamos sempre, em todos os momentos da história, retornar à simplicidade evangélica, à austeridade dos votos cristãos e ao testemunho dos grandes santos e mártires. Em tempos de Francisco, a verdadeira heresia é essa. Isso é tão grave, que pode levar a um novo anticlericalismo. Nosso jeito de ser deseja uma clericalidade saudável e cheia de energia, em que a fé explode em chamas no coração de nossa gente. O Papa Francisco sabe disso e insiste em tantas pregações e pronunciamentos na humildade, na coerência e no testemunho. Sua pregação e, particularmente, seu jeito de ser e suas posturas, tão harmoniosas com suas exigências, têm angariado muita simpatia e despertado acolhimento entre fiéis católicos e não católicos e mesmo no mundo civil.

Os leigos ficam preocupados, querem que os ensinamentos e o jeito alegre do Papa Francisco emanem sobre o clero e todos agentes de pastoral. A fraternidade nos fortalece e nos faz cristãos felizes. É fundamental que, numa sociedade tão necessitada de saúde, educação e segurança, entre tantos outros itens, que todos os cristãos, clero e laicato, sejam simples como nos testemunha o Papa Francisco.

O papa destaca, assim, a importância da clericalidade como uma missão fundamental dentro da vida da Igreja, capaz de valorizar os leigos e animar suas vidas, para que todos, em nome de Cristo e iluminados pelo Espírito, sejamos sal da terra e luz do mundo. Para iluminar, é importante que a luz seja mais presente que o abajur; assim, para testemunhar Cristo, as alfaias e os vãos sagrados devem ser instrumentos do mistério, nunca para escondê-lo, mas sempre para revelar sua grandeza e sua beleza, que encaminham os fiéis para o encontro misterioso com Deus.

V
A família como sujeito

João Décio Passos

O título pode soar verdadeiro e bonito, embora não se refira a uma realidade concreta nem na sociedade nem nas comunidades eclesiais. Em ambos os espaços, a família nem sempre é senhora de si mesma, consciente de seu papel e provida de motivação e de meios concretos de ação. Ao contrário, muitas vezes está longe dessa posição, permanecendo como receptora passiva e impotente perante os estímulos e as decisões que escapam de seus domínios diretos. A sociedade dirigida pelos valores do consumo gera, sem dúvidas, famílias consumidoras e compostas de indivíduos isolados que reproduzem em suas relações aquilo que vem de fora e de cima como valor, costume e regra de vida. No caso da Igreja, a situação revela fragmentações e passividades que impedem a emergência da subjetividade, seja no processo de individualização do religioso que separa a família em distintos indivíduos religiosos, sem vínculos comuns de fé, seja na postura de passividade perante as normas da Igreja que terminam por dispensar o discernimento livre e responsável. A família padece da chamada *crise das instituições tradicionais*, advinda com o processo de individualização social que se impôs como dinâmica cada vez mais geral na vida global e local.

O Papa Francisco nos apresenta uma concepção de família que se insere de modo realista nesse quadro. Ele afirma o protagonismo da família como ponto de partida, como critério de ação e como meta de educação dos membros que a compõem. Sua postura rejeita, portanto, a situação de passividade em que se encontram, na maioria das vezes, as famílias atuais dentro da sociedade e também dentro da Igreja. A primeira postura é consensual; está presente em todos os documentos anteriores do Magistério papal franciscano: as famílias devem ser uma célula básica da vida social. A segunda é inovadora e tem provocado rejeições por parte de membros da hierarquia e de setores eclesiais conservadores, por convocar as famílias a discernimento consciente e responsável sobre si mesmas e sobre as famílias em situações "irregulares". Se, do ponto de vista político e teológico, ninguém duvida de que a família é um subgrupo social que deve ser sujeito dentro da sociedade e dentro da Igreja, do ponto de vista das posições e relações efetivas as coisas são diferentes. Na verdade, famílias-sujeito não agradam nem ao mercado nem aos poderes que pretendem comandar: tanto o poder político civil que defende a autonomia do ponto de vista meramente formal quanto um poder religioso que teme a autonomia das consciências no momento das decisões morais. Para ambos, as famílias passivas que acolhem os comandos externos são mais interessantes; não criam problemas na recepção dos produtos materiais e morais que veiculam nem questionam essas decisões em nome de uma autonomia de decisão.

A noção de sujeito e a família

A posição de sujeito é uma conquista social, política e moral que se faz no processo de conscientização dos indivíduos e grupos inseridos em suas realidades concretas. Ninguém nasce sujeito em nenhuma sociedade civil ou religiosa. Nascem, sim, indivíduos e se fazem sujeitos à medida que tomam consciência de si mesmos, vivenciam a autonomia nos processos de decisão e agem no meio em que se encontram. Essa postura de consciência, autonomia e ação, caracteriza tanto os sujeitos individuais quanto os sujeitos coletivos, no caso a família. O indivíduo isolado em si mesmo torna-se um eu satisfeito e autossuficiente que dispensa o outro; configura, desse modo, o individualismo, antídoto do sujeito. A família isolada e autocentrada configuraria o familismo, postura que dispensa a vida social como esfera de preocupação e de responsabilidade. O individualismo pode compor socialmente com o familismo, como a base última do isolamento familiar, embora, na verdade, solape a própria vida familiar por fragmentar as relações mais imediatas na vida isolada de cada membro e terminar dissolvendo a unidade do grupo na sociedade mais ampla, tornando-a cada vez mais refém dos estímulos e das tendências externas.

O fato é que a sociedade individualizada em que vivemos penetra de múltiplas formas a vida familiar e todos os demais subgrupos sociais com suas dinâmicas de isolamento. O uso das tecnologias individualizadas liga o distante e afasta do próximo. As condições de vida urbana dificultam as relações intrafamiliares, sendo que as agendas de cada membro seguem seus cursos inevitavelmente individuais, quando não individualistas. Por conseguinte, os valores se individualizam igualmente: nas escolhas dos produtos *self-service* e nas escolhas dos princípios que regem a vida e a convivência. Nesse contexto, ser sujeito é uma tarefa social, política, ética e pedagógica.

A família como sujeito social

O Papa Francisco tem como pressuposto e como ideal de seus ensinamentos sobre a família a afirmação de que a família é sujeito. Esse item expõe primeiramente a família como sujeito social. Trata-se de calibrar as relações entre a família e a sociedade. O papa não poupa críticas à redução das famílias às dinâmicas predominantes na sociedade, quando elas se tornam, de fato, reféns dos estímulos externos e perdem a consciência de sua missão e a autonomia como grupo básico da sociedade. "O individualismo pós-moderno e globalizado favorece um estilo de vida que debilita o desenvolvimento e a estabilidade dos vínculos entre as pessoas e distorce os vínculos familiares" (EG 67). Esse individualismo que atravessa as relações e as instituições sociais instaura um relativismo que faz com que cada um se torne o centro absoluto de decisão, sem considerar a vida dos outros; tudo é descartado, como se fosse um produto de consumo. Essa postura penetra a vida familiar e a deteriora, como se fosse um exercício de liberdade, de forma que cada membro age da forma que julga mais adequado para si mesmo, sem considerar os demais membros (AL 34). Cada família deve ser um núcleo consistente de relações primárias e fundamentais, sendo construída por laços de respeito e reciprocidade, como uma verdadeira comunidade de amor que se une em um projeto comum de vida que permite estabelecer uma base afetiva e social capaz de enfrentar todos os problemas atuais; lugar de educação dos filhos, lugar de crescimento humano, de proteção dos mais vulneráveis (AL 44-54). As famílias têm um papel social fundamental como base primeira de proteção e cuidado com a vida humana e, por essa razão, são sujeitos de direitos sociais. Por isso, deve receber a proteção legal e política por parte do Estado (AL 44). A família é de fundamental importância para a sociedade; um bem social que prepara as pessoas para a convivência respeitosa e responsável (AL 52). A família, como parte da sociedade, constitui, de fato, o primeiro espaço de preparação para a vida social mais ampla, como lugar em que se inventam diariamente os modos de se relacionar e de efetivar o reconhecimento mútuo (AL 276) e também de oferecer um serviço à própria sociedade. "A família é a protagonista de uma ecologia integral, porque constitui o sujeito social primário, que contém no seu interior os dois princípios-base da civilização humana sobre a terra: o princípio da comunhão e o princípio da fecundidade" (AL 277).

A família é sujeito coletivo que cria sujeitos individuais. Todo sujeito é sempre o resultado de indivíduos relacionados. Do contrário, impera o isolamento que gera o individualismo. Na vida familiar, cada membro pode aprender a crescer como livre e responsável por si mesmo e pelos demais membros. A família é o canteiro mais básico das relações, que podem gerar a consciência do eu sempre implicado no tu, da diferença na igualdade e da igualdade na diferença.

A família como sujeito moral

Francisco ensina também que a família é um sujeito moral, ou seja, é uma instituição que goza de autonomia perante as normas que a ela se refere, incluindo as normas morais da Igreja. Ser sujeito moral significa viver a autonomia e a responsabilidade. A interiorização mecânica e passiva de qualquer norma ou lei reduz e impede a autonomia e reproduz a postura de passividade e de infantilidade de quem obedece sem consciência. Por essa razão, é inútil querer impor a norma pela "força da autoridade", dispensando a convicção e a adesão (AL 35). A postura inversa é a do relativismo que dispensa toda regra em nome de um individualismo que nega tudo o que está além de um eu isolado e satisfeito (AL 34). Para a fé cristã, a família é necessariamente sujeito; lugar em que as pessoas crescem na convivência e na partilha, tomando consciência do papel de cada membro e do papel de todos, comunhão que se faz na diversidade. A família é sujeito à medida que acolhe livremente a Boa Notícia do amor e a coloca no dia a dia da convivência de seus membros. Não há norma que configure automaticamente uma família concreta; há, sim, um processo de construção de uma comunhão entre os membros a partir do amor, dom fundamental que tudo fundamenta.

Sobre essa questão, vale citar todo o número 37 da *Amoris laetitia*:

> Durante muito tempo pensamos que, com a simples insistência em questões doutrinais, bioéticas e morais, sem motivar a abertura à graça, já apoiávamos suficientemente as famílias, consolidávamos o vínculo

dos esposos e enchíamos de sentido as suas vidas compartilhadas. Temos dificuldade em apresentar o matrimônio mais como um caminho dinâmico de crescimento e realização do que como um fardo a carregar a vida inteira. Também nos custa deixar espaço à consciência dos fiéis, que muitas vezes respondem o melhor que podem ao Evangelho no meio dos seus limites e são capazes de realizar o seu próprio discernimento perante situações onde se rompem todos os esquemas. Somos chamados a formar as consciências, não a pretender substituí-las.

A família não nasce pronta, mesmo que haja modelos ideais que a orientem. Ela se faz como consciência que se aprofunda, como liberdade que cresce e como discernimento dos rumos a seguir, perante as situações concretas que a vida vai oferecendo. Nenhum modelo ideal e nenhuma norma ou lei substituem a liberdade e a responsabilidade da família sobre si mesma. É na família que as consciências individuais se formam, à medida que aprendem o senso de respeito pelo outro, de compromisso pelo bem comum ali vivenciado diariamente, bem como a exercer as responsabilidades nas rotinas diárias e a responder por aquilo que decide e executa individualmente.

A família como sujeito eclesial

A família-sujeito é uma construção permanente que resiste a tudo o que possa reduzi-la ao individualismo ou transformá-la em reprodutora passiva de normas e conduções externas. Por essa razão, é sempre resistência e reação ativa às inércias que matam com suas rotinas os ideais de comunhão e de amor entre os membros. A Igreja tem uma função importante no processo de construção permanente das famílias, como espaço de apoio e de anúncio do amor. É uma escola de comunhão que não pode substituir a família, mas que a promove como célula primeira da vida em comum, em que a fé é transmitida e vivenciada como semente mais primordial. Hoje se afirma que a paróquia deve converter-se para a comunidade, ser uma comunidade de comunidades. E cada comunidade eclesial é uma comunidade de famílias, ainda que não saiba ou não assuma essa tarefa. Cada família é um sujeito eclesial fundamental, um primeiro núcleo de vivência e educação da fé, antes da catequese e das celebrações comunitárias e também depois da catequese e das celebrações. É o espaço da Igreja doméstica, como se dizia antigamente, mas que continua sendo uma verdade fundamental para a vivência e educação da fé. Mas a família é também sujeito eclesial, quando atua como agente na comunidade e oferece a si mesma, com os seus membros, na construção da vida comum. É também sujeito à medida que se torna sal e luz do mundo, semente que germina o Reino de Deus.

O número 287 explicita de modo detalhado a dimensão eclesial da vida familiar que, não obstante as muitas dificuldades, permanece como espaço eclesial mais básico, onde se acolhe o dom da fé e se buscam os meios de fazê-lo crescer:

> A transmissão da fé pressupõe que os pais vivam a experiência real de confiar em Deus, de o procurar, de precisar dele, porque só assim "cada geração contará à seguinte o louvor das obras [de Deus] e todos proclamarão as [suas] proezas" (Sl [145] 144,4) e "o pai dará a conhecer aos seus filhos a [sua] fidelidade" (Is 38,19). Isto requer que imploremos a ação de Deus nos corações, aonde não podemos chegar. O grão de mostarda, semente tão pequenina, transforma-se num grande arbusto (cf. Mt 13,31-32), e, deste modo, reconhecemos a desproporção entre a ação e o seu efeito. Sabemos, assim, que não somos proprietários do dom, mas seus solícitos administradores.

É preciso regar essa semente, fazê-la desenvolver. Em outros termos, as famílias não nascem sujeitos eclesiais, mas elas são assim construídas, à medida que assumem a vida de fé, se abrem à graça e promovem a educação da mesma fé. Francisco fala de nosso "esforço criativo" que colabora com a "iniciativa divina". Nesse sentido, é "De grande ajuda é a catequese familiar, enquanto método eficaz para formar os pais jovens e torná-los conscientes da sua missão como evangelizadores da sua própria família" (287).

As famílias são ainda sujeitos eclesiais como agentes evangelizadores que devem atuar junto às demais famílias, por meio da Pastoral Familiar. A presença da Igreja junto às famílias pretende ser uma ajuda para que elas próprias descubram os caminhos de superação dos desafios vivenciados nos tempos atuais. Por essa razão, "Não basta inserir uma genérica preocupação pela família nos grandes projetos pastorais; para que as famílias possam ser sujeitos cada vez mais ativos da pastoral familiar, requer-se 'um esforço evangelizador e catequético dirigido à família' [228] que a encaminhe nesta direção" (200).

A superação dessa "preocupação genérica" com as famílias exige a superação das posturas clericalistas que muitas vezes prevalecem em nossa Igreja como norma e como cultura e que coloca a família na condição de receptora passiva de regras e de tarefas a serem cumpridas dentro das comunidades. A Igreja em saída na direção das famílias terá que romper com suas práticas institucionais e pastorais centradas nos limites das paróquias e das práticas paroquiais, ou seja, nas celebrações de massa que escondem e ignoram os sujeitos concretos e, por conseguinte, a famílias.

As Igrejas domésticas constituem o lugar primordial de ação consciente das famílias, onde o encontro se torna possível e onde cada membro pode viver as relações com os demais. Uma Pastoral Familiar que desconsidere esse lugar eclesial corre o risco de falar para uma família ideal e distante, sem existência concreta. Por outro lado, é preciso ir ao encontro das famílias que estão distantes nas mais diversas periferias e incluí-las nas comunidades eclesiais, como insiste o papa na *Amoris laetitia*.

***

Cada cristão é sujeito. Em outros termos, a subjetividade é um dom que recebemos de nossa condição de membros inseridos na comunidade, membros do Corpo de Cristo. Esse dom precisa ser desenvolvido na Igreja e na sociedade; é força que faz resistir a todos os isolamentos e massificações que reduzem sua força libertadora e criativa que coloca em condição de igualdade radical cada filho de Deus, livre e responsável.

Mas, para ser um verdadeiro sujeito na Igreja, é preciso superar a fragmentação e a liquidez social, a passividade eclesial e o individualismo que reduz as práticas religiosas a uma busca de satisfação espiritual. As famílias-sujeito são, de fato, um projeto que esbarra na correnteza forte da sociedade e da cultura atuais centradas no individualismo hedonista e na massificação dos valores e das ideias. Individualismo e massificação são os dois lados de um mesmo sistema centrado no consumo dos produtos sempre renovados e carregados de promessas de felicidade. Para a manutenção dessa prática, contribuem as tecnologias, as mídias e os produtos materiais e simbólicos feitos sob medida para cada indivíduo. Para ser sujeito, é necessário romper com tudo isso e afirmar-se como voz e postura que reclamam autonomia e ações próprias na sociedade; é também necessário construir um outro modo de vida, mais simples e mais despojado, pautado na justa medida daquilo que é necessário e daquilo que o desejo clama como satisfação. Nesse sentido, trata-se de uma conversão no modo de viver e de pensar. Concomitante a essa conversão social e cultural está a conversão eclesial que recria a Igreja a partir do coração do Evangelho e da realidade concreta das pessoas, sobretudo daquelas que sofrem.

A família é certamente um espaço de resistência possível a tudo aquilo que hoje se mostra como valor que se choca com os valores do Evangelho. Não se trata de uma idealização que transforma a família em uma ilha social ou moral dentro da sociedade mais ampla, o que na verdade esconderia os grandes desafios advindos da sociedade atual. As famílias podem ser uma escola fundamental para a sociedade, à medida que vivenciam modos de vida alternativos com valores e regras próprias. A Igreja tem uma missão importante de ajudar as famílias na descoberta dessa postura em nossos dias. "Foi para a liberdade que Cristo nos libertou" (Gl 5,1)

VI
“A política é a melhor forma de fazer caridade”

Celso Carias

No mundo de hoje é muito difícil que as pessoas vejam a frase do Papa Paulo VI, o título deste capítulo, como verdadeira. Além disso, há muita confusão, fragmentação, contradições e posições superficiais. Vivemos em um clima onde o ódio tem sido insuflado constantemente, mesmo que a palavra “odiar” não apareça diretamente no discurso, dando margem para desejos ditatoriais e fascistas como solução dos problemas sociais.

Existe certo consenso de que vivemos uma profunda crise. Alguns falam de *crise civilizatória*. O Documento de Aparecida (2007) nos fala de *mudança de época*. É, portanto, uma crise abrangente, que atinge todos os aspectos da vida em sociedade. Nesse contexto, a arte de organizar a cidade – *política (polis* é cidade em grego) – tem sido duramente atingida. Muita desconfiança, descrédito, desesperança, e podemos dizer: com muita razão. Contudo, somos cristãos. Não podemos sucumbir ao caos. Também outras religiões, e mesmo ateus, acreditam que sempre é possível reencontrar o caminho de humanização.

Contudo, organizar a cidade sempre exigiu esforço coletivo, criatividade e empenho para corrigir os desvios. A *Torre de Babel* é um forte símbolo bíblico dessa necessidade contínua. A *democracia*, por exemplo, tornou-se uma forma consagrada para organizar a cidade. Porém, Winston Churchill, na metade do século XX, já nos avisava:

"A democracia é o pior dos regimes políticos, mas não há nenhum melhor que ela". Podemos dizer, sem medo de errar, que em nossos dias esse regime está cansado e precisa de aperfeiçoamento. A questão é: em que direção.

A presente reflexão não tem por objetivo buscar enfrentar esse desafio com soluções fora do nosso alcance. Queremos convidar os cristãos leigos e leigas a se colocarem diante da situação e tomarem posição. A inspiração sempre será o Projeto de Jesus Cristo, e, nesta hora da história, um profeta tem chamado bastante atenção para buscarmos um caminho: o Papa Francisco.

No ano 2013 o mundo conheceu um novo papa, vindo do fim do mundo, como ele mesmo disse. Aos poucos, mas firmemente, ele nos foi apontando perspectivas que estavam esquecidas e que precisam ser restauradas, se quisermos manter fidelidade ao caminho de Jesus. Aqui no Brasil, também em 2013, milhões de jovens nos chamaram a atenção para a necessidade de rever nosso modelo de organização da cidade. Independentemente de avaliações positivas ou negativas daquelas manifestações, duramente golpeadas pelas forças de segurança, elas foram um forte grito. Em 2016, os jovens de novo, ocupando escolas e universidades, com autonomia e determinação, também nos diziam que alguma coisa estava errada.

É verdade, diante de uma situação de extrema dificuldade como a atual, que a tentação de se ausentar do processo político é grande. Contudo, iluminados pela reflexão de Francisco, queremos indicar para leigos e leigas que a nossa missão está sendo duramente interpelada, em vista do necessário engajamento político.

Não compartilhamos de certas visões dualistas que apontam para a separação irreal entre Igreja e mundo, colocando como tarefa exclusiva de leigos e leigas participar na política. No entanto, em vista da celebração do ano do laicato (2018), queremos aqui oferecer um estímulo para irmos em frente, colaborando com a sociedade para a construção de um mundo melhor. E, não há dúvida, cabe, sobretudo a nós do laicato, realizar tal tarefa.

Assim, seguiremos apontando três direções: a política, como instrumento de humanização; a necessidade de reformularmos a democracia; e finalmente possíveis escolhas políticas que serão fundamentais para garantir dignidade humana para o povo nos próximos anos.

Política: instrumento de humanização

A solidariedade é uma dimensão inerente à vida cristã. Não podemos deixar de estender as mãos aos mais necessitados: "Se alguém, possuindo os bens deste mundo, vê o seu irmão na necessidade e lhe fecha o coração, como permanecerá nele o amor de Deus?" (1Jo 3,17). A assinatura de um prefeito, de um governador ou de um presidente da República, pode ter alcance muito maior que nossa solidariedade a pessoas e grupos.

Em *A alegria do Evangelho* (EG – dos números 53 a 60), o Papa Francisco clama alguns *nãos: não a uma economia da exclusão; não à nova idolatria do dinheiro; não ao dinheiro que governa em vez de servir; e não à desigualdade social que gera violência*. Diz categoricamente: "Essa economia mata". E imaginar que se possa dizer tais *nãos* e prescindir da política seria como imaginar que se possa ensinar alguém a escrever sem um alfabeto. Falando a um grupo de parlamentares franceses, em 10 de novembro de 2016, ele ressaltava:

> No atual contexto internacional, marcado por frustrações e temores, intensificados pelos atentados e pela violência cega que dilaceram tão profundamente o vosso país, é ainda mais importante procurar e desenvolver o sentido do bem comum e do interesse geral. Assim gostaria, como os bispos da França, de frisar a necessidade, "num mundo que muda, [de] reencontrar o sentido da política".

Apesar de ampla literatura e de incontáveis testemunhos que fundamentam a importância da política, tem sido muito difícil demonstrar tal realidade. Da década de 60 do século vinte até agora, entre ditaduras e golpes, entre desinformação e manipulação midiática, muitos acontecimentos criaram uma sensação profunda de que o caminho político não serve para nada.

Mas Francisco, falando aos Movimentos Populares em outubro de 2014, em Roma, indica fortemente que somos sempre convidados a olhar o sinal da presença de Deus no meio do mundo. Como os pastores, profissão malvista no tempo de Jesus – costumo dizer que eles podem ser comparados aos garis de hoje –, os quais viram a estrela em Belém e foram por primeiro reconhecer o Senhor, devemos continuar acreditando no sinal dos pobres:

> Os pobres não só suportam a injustiça mas também lutam contra ela! Não se contentam com promessas ilusórias, desculpas ou álibis. Nem sequer estão à espera de braços cruzados da ajuda de Ongs, planos assistenciais ou soluções que nunca chegam, ou que, se chegam, fazem-no de maneira a ir na direção de anestesiar ou domesticar, o que é bastante perigoso. Vós sentis que os pobres não esperam mais e querem ser protagonistas; organizam-se, estudam, trabalham, exigem e sobretudo praticam aquela solidariedade tão especial que existe entre quantos sofrem, entre os pobres, e que a nossa civilização parece ter esquecido, ou pelo menos tem grande vontade de esquecer.

Portanto, não se pode prescindir da política como ferramenta para buscar o bem comum, ainda que muitas vezes de forma limitada, para mudar a sociedade e garantir a justiça social. O contrário é tirania, ditadura, autoritarismo, que podem até resolver momentaneamente, mas não garantem a continuidade e a profundidade do bem, da justiça, da solidariedade. Quando o tempo passa e se joga luz sobre um período ditatorial, se enxergam as grandes contradições e injustiças.

Evidentemente que não podemos ser ingênuos. Em cada novo tempo, somos convidados a avaliar, a discernir a situação para verificar se estamos no caminho certo. Estamos vivendo um momento assim. Então, vamos levantar alguns elementos que indicam a necessidade de atenção para a manutenção do bem comum, da boa política.

Necessário discernimento quanto à democracia

Os passos iniciais da democracia já vão de longa data: pelo menos uns 300 anos. Contudo, podemos afirmar, usando um conceito da psicologia, que no "inconsciente coletivo" ainda atua com muita força a necessidade de um "monarca absoluto" que dê conta de salvar a sociedade, de garantir a justiça para todos. Então, desde quando se começou a ampliar o sentido de participação popular nos processos sociais até hoje, a dificuldade de se libertar desse inconsciente tem sido grande. Entra em jogo a questão da cidadania.

Francisco, mesmo precisando ficar dentro de sua função de papa da Igreja Católica, tem uma profunda percepção da necessidade de ampliação das decisões políticas, contando com todos e todas que são afetados pelas mesmas. No último encontro com os Movimentos Populares (30 nov. 2016), realizado em Roma, ele disse:

> Dar o exemplo e reclamar é um modo de fazer política, e isto leva-me ao segundo tema que debatestes no vosso encontro: a relação entre povo e democracia. Uma relação que deveria ser natural e fluida, mas que corre o perigo de se ofuscar, até se tornar irreconhecível. O fosso entre os povos e as nossas atuais formas de democracia alarga-se cada vez mais, como consequência do enorme poder dos grupos econômicos e mediáticos, que parecem dominá-las.

Com o passar do tempo, o poder econômico foi percebendo as brechas que a democracia possibilitava e passou a utilizar mecanismos nos quais, cada vez mais, a participação do cidadão se tornou bastante figurativa. O discurso de que você pode mudar rumos participando única e exclusivamente de eleições penetrou profundamente no imaginário da sociedade: *o voto é uma arma que pode mudar tudo. Basta que se escolha bem*, assim falam muitos. Porém, cada vez mais uma arma enferrujada onde o tiro pode sair pela culatra. O sistema eleitoral não tem conseguido deter a influência econômica e midiática. Temos visto artistas, jogadores de futebol, pessoas vinculadas a religiões, herdeiros políticos etc., que chegam à frente nas eleições porque têm poder ou já são conhecidos.

O sistema, como corajosamente afirma Francisco, é *terrorista*. Ele constata que a questão de fundo é estrutural:

> enquanto não forem radicalmente solucionados os problemas dos pobres, renunciando à autonomia absoluta dos mercados e da especulação financeira e atacando as causas estruturais da desigualdade social, não se resolverão os problemas do mundo e, em definitivo, problema algum. A desigualdade é a raiz dos males sociais (EG, n. 202).

O sistema não só globalizou a economia, mas globalizou também a indiferença diante dos pobres e excluídos.

> *É preciso mudar:* Se isso é assim – insisto –, digamo-lo sem medo: Queremos uma mudança, uma mudança real, uma mudança de estruturas. Este sistema é insuportável: não o suportam os camponeses, não o suportam os trabalhadores, não o suportam as comunidades, não suportam os povos... E nem o suporta a Terra, a irmã Mãe Terra, como dizia São Francisco (discurso aos Movimentos Populares na Bolívia, 9 set. 2015).

A democracia tem essa condição: ir se aperfeiçoando ao longo do tempo. Estamos vivendo um momento no qual urge a necessidade de melhorarmos o nível de participação cidadã nas decisões da sociedade. Nossa luta, mesmo atingida duramente por golpes nos direitos, deve ter como perspectiva essa transformação do modelo de participação. É preciso garantir políticas públicas consistentes. Se não colocarmos essa tarefa à frente, teremos o sério risco de repetir erros que mesmo governos progressistas têm cometido.

Um dos problemas éticos mais sérios da atualidade passa pelo que se chama de governabilidade. O sistema de organização representativo dos diversos setores sociais muitas vezes conduz a concessões que acabam por estruturar a corrupção, por exemplo. A corrupção passa a ser naturalizada para se atingir o objetivo. Passa a valer o princípio equivocado de que "os fins justificam os meios".

Francisco nos alerta para não cairmos nas tentações da "grande política". Apesar de longo, vale citar este trecho do discurso aos Movimentos Populares, de 5 de novembro de 2016, realizado em Roma:

> O segundo risco, dizia-vos, é deixar-se corromper. Assim como a política não é uma questão de "políticos", também a corrupção não é um vício exclusivo da política. Há corrupção na política, há corrupção nas empresas, há corrupção nos meios de comunicação, há corrupção nas igrejas e há corrupção também nas organizações sociais e nos movimentos populares. É justo dizer que há corrupção radicada nalguns âmbitos da vida econômica, em particular na atividade financeira, e que faz menos notícia do que a corrupção diretamente relacionada com o âmbito político e social. É justo dizer que muitas vezes se utilizam os casos de corrupção com más intenções. Mas também é justo esclarecer que quantos escolheram uma vida de serviço têm uma obrigação ulterior que se acrescenta à honestidade com a qual qualquer pessoa deve agir na vida.

A grande dificuldade, por conta da grave crise na qual o mundo se encontra, é buscar soluções. Passa por saber onde alocar nossas forças. Onde nós, leigos e leigas, poderemos investir o nosso engajamento e compromisso com o Evangelho. Aqui é a parte mais difícil. E Francisco sabe muito bem disso. Na Bolívia, ele afirma não ter receita. Ninguém tem. Mas podemos nos colocar a caminho. Podemos vislumbrar possibilidades de ação que nos conduzirão até as mudanças necessárias. Vamos, então, com muita humildade, mas, com ousadia, apontar algumas pistas no tópico a seguir.

Perspectivas para a atuação política do laicato

É muito preocupante ouvir o discurso dualista que separa Igreja e mundo, relegando ao laicato a esfera temporal e a Igreja ao espiritual. Não que em termos de missão específica isso não seja verdade. A *Gaudium et Spes* já nos lembrou de que a tarefa da Igreja é essencialmente religiosa. A grande questão é que na realidade da vida, sociológica, psicológica, antropológica, econômica, inclusive teologicamente, nada se pode separar tão nitidamente. Como se depreende da *Laudato Sì*: *tudo está interligado*. Nada, na história da humanidade, pode ser visto em "estado puro", mesmo a experiência de fé. Tal posição é muitas vezes acusada de *ideologia*, portanto, sem credibilidade. Não é possível desenvolver aqui o conceito de *ideologia,* mas como é estranho ouvir discursos no qual o caráter ideológico só é visto no discurso do outro, esbarrando, diríamos, até em certa desonestidade. Parece que, ao fazer a acusação de que uma determinada posição é ideológica, está se encerrando a questão. Ora, a pergunta que deve ser feita é: o que não é ideológico? Se um cardeal decide visitar um presidente da República, por exemplo, para não ser mal interpretado, precisa divulgar bem a razão dessa visita. Se ele dá uma bênção, pior ainda, pois o que se está abençoando? Quem Jesus de Nazaré visitava e o que dizia para quem o recebia?

Percebe-se, com o que foi dito antes, o caráter eclesial da ação de leigos e leigas no mundo. Evidentemente que compomos a mesma sociedade e nela devemos exercer a nossa cidadania. Mas, para o cristão leigo e leiga católico ou de qualquer outra Igreja, o ponto de partida e a fonte de atuação *é a experiência de fé vivida na comunidade eclesial.* Portanto, é missão da Igreja acompanhar, capacitar, orientar, estar junto solidariamente dos seus filhos e filhas, que vão ao mundo para ser sinal do Reino de Deus anunciado e vivido por Jesus de Nazaré e, consequentemente, para testemunhar o amor de Deus pela humanidade. E, muitas vezes, leigos e leigas pagam um alto preço por buscar tal fidelidade, sacrificando vida familiar e pessoal, quando não sofrendo perseguição dentro e fora da Igreja, e em casos extremos pagando com a própria vida.

É preciso fazer menção ainda à questão canônica, embora também não se possa aprofundar aqui. Setores consideráveis da Igreja Católica têm usado o Código de Direito Canônico como instrumento de cerceamento da ação laical tanto para dentro da Igreja como para fora, por isso devemos citá-lo. Canonistas afinados com a eclesiologia do Concílio Vaticano II têm demonstrado que esse é um uso indevido, diria que chega a ser desonesto. Além de o código garantir a participação (cân. 208-223), o critério de interpretação deve ser a *Lumen Gentium,* sobretudo na perspectiva da Igreja como povo de Deus. Mas vamos passar para a questão específica da atuação política do laicato.

Fazer um discernimento profundo sobre o caminho da atuação política não está fácil, já foi dito. Porém, podemos apontar algumas perspectivas que se abrem diante da realidade atual, sempre inspirados em Francisco. Certamente a nossa escolha será conduzida por afirmações contidas nos documentos do papa, mas que não se esgotam neles mesmos.

A ação política hoje precisa ser colocada dentro de um quadro mais amplo. Embora o princípio "do local para o global" continue valendo, o local não pode mais minimizar o fator de interligação dos diversos mecanismos que atuam na vida das pessoas. Um exemplo simples: você pode morar em um sítio e plantar somente orgânico, mas se, ao seu redor, existem enormes plantações que usam veneno, o seu sítio será atingido. Você pode cuidar bem da água do seu sítio, mas, se as fontes primárias estão sendo envenenadas, você será atingido. E por aí vai.

A crise faz com que as prioridades sejam muitas, acabando, contraditoriamente, com essas prioridades. Com muitas prioridades, deixamos de ter prioridade. Na situação atual do Brasil, nem se fala. Torna-se inevitável responder a cada ataque aos direitos fundamentais da pessoa. Mas o horizonte não se pode esgotar nas respostas imediatas, por mais que elas sejam necessárias.

O mundo está mudando e, muitas vezes, estamos dando respostas velhas para perguntas novas. Tudo indica que não se pode mais apontar como saída o crescimento econômico por si mesmo. Há uma posição repetida, por diversos setores, que diz: "basta desenvolver que todos os problemas serão resolvidos". Alguns economistas, ainda que poucos, profeticamente já estão falando em *decrescimento*. E Francisco, embora não use o conceito, parece ir na mesma direção. *Sobre o cuidado da casa comum*, ele diz:

> É o que acontece – só para dar um exemplo simples – com o crescente aumento do uso e intensidade dos condicionadores de ar: os mercados, apostando num ganho imediato, estimulam ainda mais a procura. Se alguém observasse de fora a sociedade planetária, maravilhar-se-ia com esse comportamento que às vezes parece suicida (LS 55).

E no mesmo documento (LS 109), em uma frase ele resume bem a ideia expressada aqui: "Mas o mercado, por si mesmo, não garante o desenvolvimento humano integral nem inclusão social".

O que a *Laudato Sì* nos aponta como perspectiva é extremamente revolucionário, e não apenas pelo seu caráter ecológico, e sim pelo seu aspecto político. Uma *ecologia integral*, como afirma Francisco, requer uma profunda mudança nas relações políticas, sociais, econômicas e culturais, no atual estágio da vida planetária. E nós, leigos e leigas, precisaremos colocar toda a nossa criatividade, todo o nosso empenho para buscar saídas em sintonia com todos os que também desejam uma nova humanidade. Aqui entra em cena o que muitos têm chamado de *cidadania ativa*. Como diz o papa: "Se os cidadãos não controlam o poder político – nacional, regional e municipal –, também não é possível combater os danos ambientais" (LS 179). E esse controle é fundamental para buscar o bem comum e a diminuição considerável da desigualdade social. A continuação, pura e simplesmente, do sistema eleitoral não dará conta de responder aos desafios. Não basta trocar pessoas.

O conceito de cidadania, até pouco tempo atrás, parecia simples de explicar. Mas foi se tornando complexo, pois acabou sendo misturado a fatores que, na verdade, desqualificam o seu sentido profundo, isto é, a capacidade de se tornar senhor da própria história, com autonomia, sem condicionamentos sociais, como o consumo, por exemplo, os quais tornam as pessoas presas a interesses desumanizadores. Cabe aqui uma frase de um ex-presidente de um país que age o tempo inteiro na lógica do mercado, o norte-americano Franklin Roosevelt: "um homem necessitado não é um homem livre".

Acontece que exercer a cidadania no contexto atual passou a ser uma atividade complexa, pois o Estado se tornou, predominantemente, um *Estado eleitoreiro*. Então, a opção de muitos, para se manter em governos, foi por uma *cidadania do consumo*. Mesmo o chamado "Estado de bem-estar", concretizado em grande medida na Europa, também tem sido engolido por eleições. Trata-se de ter "direitos" que se constituem exclusivamente por possuir bens de consumo. Na verdade, a responsabilidade política foi praticamente reduzida a eleições. Alguém hoje pode perguntar-se: como um trabalhador, sabendo que sua aposentadoria está seriamente comprometida, não protesta? Ora, se você não é tratado como cidadão ao longo de um processo de governabilidade, quando for necessário exercer a cidadania não estará motivado; estará prisioneiro de outra lógica participativa. Consequentemente, é preciso aprofundar, cada vez mais, uma democracia participativa. Ainda é um caminho a ser trilhado, mas que se faz necessário, se quisermos ver uma mudança mais profunda.

O Papa Francisco muito tem nos estimulado a trilhar o caminho da transformação social também pela política. Seus discursos, sobretudo seu testemunho, têm sido um grande alento em um contexto de crise aguda como a atual. Tem nos lembrado de que tal atitude é a essência do Evangelho. No primeiro encontro com os Movimentos Populares, já citado aqui, em 2014, ele diz:

> Este nosso encontro responde a um anseio muito concreto, a algo que qualquer pai, qualquer mãe, quer para os próprios filhos; um anseio que deveria estar ao alcance de todos, mas que hoje vemos com tristeza cada vez mais distante da maioria das pessoas: *terra, teto e trabalho*. É estranho, mas, se falo disto para alguns, o papa é comunista. Não se compreende que o amor pelos pobres está no centro do Evangelho. Terra, teto e trabalho, aquilo pelo que lutais, são direitos sagrados. Exigi-lo não é estranho, é a doutrina social da Igreja. Medito sobre cada um deles, porque os escolhestes como palavra de ordem para este encontro.

Enfim, como diz Dom Mauro Morelli, bispo emérito de Duque de Caxias (RJ): "Nada bom esperar que heróis nos salvem e santos quebrem nossos galhos. Nascemos para a cidadania, para participar como sujeitos da história". Vamos em frente. Não tenhamos medo.

VII
A realidade global e os mecanismos de exclusão dos pobres

Alzirinha Souza

O pensamento social do Papa Francisco é bastante amplo e adequado aos nossos dias e sua atualização mantém a linha dos princípios gerais originários da tradição da Doutrina Social da Igreja, conforme descritos no *Compêndio da Doutrina Social da Igreja*: o princípio teológico (nn. 20-27); o princípio cristológico (nn. 28-33); o princípio antropológico (nn. 34-48); o princípio natural, dos quais procedem as premissas da dignidade da pessoa humana (nn. 105-179), da solidariedade (nn. 192-196), da subsidiariedade (nn. 185-188), da participação (nn. 189-191), do bem comum (nn. 164-170; nn. 481-487), da busca pela justiça (nn. 201-203).

Naturalmente esses princípios nortearam seus antecessores: de Leão XIII a Bento XVI. Contudo, neste texto, nos deteremos a apresentar esses elementos no pensamento social de Francisco, identificando-os em seus documentos pontifícios.

Contudo, primeiramente gostaria de destacar que Francisco traz consigo uma característica marcante própria de sua formação: seu pensamento, além de concordância com a DSI, está também em concordância com o pensamento social da Igreja latino-americana. Não que estas fossem divergentes, mas de fato são complementares, à medida que a segunda contextualiza a primeira. De fato, tarefa difícil é não encontrar nos documentos de Francisco momento no qual direta ou indiretamente não se refere à questão dos menos favorecidos. Ver os rostos do que sofrem é conhecer as possibilidades de vida que podem ser transformadas. Desde Aparecida, em 2007, quando redator da V Conferência do Episcopado Latino-americano, Bergoglio convidava a Igreja a dar rosto à pobreza do mudo em suas mais diferentes caracterizações.

É claro para Francisco que as violências internas da sociedade têm rosto e nomes concretos e devem comover a realidade a viver em solidariedade, a fim de eliminá-las. O sistema que exclui e mata o ser humano pode perder sua identidade de ser construtor da paz e querer participar da cultura do encontro. Em meio a tantas desigualdades e necessidades humanas, surge o interesse urgente de gerar espaços de inclusão e de esperança de possibilidade real de um mundo transformado (DAp, n. 65).

O pensamento social de Francisco

Apresentamos agora os elementos essenciais do pensamento social do Papa Francisco em cada documento.[1] Para não repeti-los, deixaremos no corpo de nossa reflexão as indicações de referências que sempre recomendamos serem lidas nos textos de origem. Por ordem de importância de documentos, trataremos primeiramente das cartas encíclicas, posteriormente das exortações apostólicas dirigidas à Igreja universal e, finalmente, da bula papal que trata de um tema específico.

Encíclica *Lumen Fidei* (LF)

Como citamos anteriormente, o texto dessa encíclica não é totalmente de Francisco. Bem mais responde às linhas traçadas por seu

---

[1] Gostaria de destacar que esse texto é parte de minha reflexão final para o curso "O pensamento social do Papa Francisco", realizado junto à Universidad Javeriana (Bogotá), no período de jan. a mar. 2017.

antecessor Bento XVI,[2] cujos documentos magisteriais centram-se nos temas das virtudes teologais (fé, esperança e caridade) expressadas e ensinadas pela Igreja.

Ora, ainda que influenciado por Bento XVI e, segundo alguns críticos, escrito completamente por ele, a dimensão social nesse documento se apresenta em sentido estrito da fé como contribuição e motor ao bem comum, retomando de certa maneira os princípios do cristianismo, que tinham explicitamente a construção do bem comum como elemento central das primeiras comunidades. Era a fé da comunidade que estimulava os apóstolos, em seus contextos, a assumirem uma forma diferenciada de prática, baseada na comum-unidade.

Aliadas à fé, duas outras dimensões são percebidas na LF. A primeira, a dimensão da cultura, apresentando o papel da fé em diálogo com a cultura moderna. Esse tema retoma a segunda metade do séc. XX, notadamente os esforços – a partir dos anos 50 e que culminam no Concílio Vaticano II – de reaproximação com a realidade moderna e a busca de compreensão das demandas atuais. Nesse sentido, a Igreja, em sua dimensão social, sem perder de vista a própria identidade, é chamada a ver mais abertamente os demais saberes e culturas.

Apresenta-se também a dimensão social em sentido amplo: a fé social e eclesial. O cristão é convocado a ter forte compreensão do componente comunitário, do trabalho e da responsabilidade para construir caminhos para o bem comum, de forma a superar o bem privado tão valorizado na sociedade moderna. O imperativo para tanto é a prática. Converter a fé em obras, demonstrar o testemunho de uma fé viva, transformadora, concreta e que engendra vida é mais

---

[2] Em seu papado, Bento XVI publicou mais duas encíclicas que, em conjunto com a *Lumen Fidei*, sintetizam seu pensamento: *Deus Caritas Est* (25 dez. 2005); *Spe e Salvi* (30 dez. 2007).

necessário do que nunca em tempos de individualismos e egoísmos e liquidez de valores.

Os nn. 50-57 do documento trazem elementos essenciais ligados ao tema social, os quais podemos definir em três pontos: 1) a fé e o bem comum; 2) a fé e a família; 3) a fé como a luz para a vida em sociedade e 4) a fé que conforta o sofrimento.

A Encíclica *Laudato Sì* (LS)

A reflexão da Encíclica *Laudato Sì* passa, de fato, por uma reflexão de cada pessoa acerca do cuidado com o planeta e com nossa casa comum. Realmente, questões como: que tipo de mundo queremos deixar para as próximas gerações, qual a responsabilidade de cada pessoa com esse cuidado e, finalmente, quais as consequências desse descuidado para cada um de seus habitantes, em especial os pobres, são as reflexões recorrentes de todo o documento.

Sem dúvidas, a *Laudato Sì*, representou o questionamento e a proposição de ferramentas e ações concretas para mitigar a deterioração do meio ambiente e, por consequência, da vida humana. Um dos grandes eixos do documento foi recolocar o humano como corresponsável e colaborador no cuidado com a criação divina, conclamando ao mesmo tempo à uma ação comunitária.

Os eixos temáticos dos documentos são:

a) Um olhar sobre a realidade (LS, nn. 14-61): destaca uma das principais preocupações de Francisco: não se esquecer de partir da realidade dos povos mais excluídos e trazê-los de volta das periferias ao centro da sociedade.

b) A criação é uma Boa Notícia (LS, nn. 62-100): e por isso deve ser cuidada, a partir da relação com Deus, com o próximo e com a terra. É preciso reconstruir primeiramente essas relações para reconstruir a sociedade inteira (LS, nn. 66-67).

c) O ser humano e a crise ecológica (LS, nn. 101-136): é o convite do papa a que cada um tenha consciência da deteriorização do meio ambiente e trabalhe pelo resgate da vida.

d) O chamado à vivência de uma ecologia integral (LS, nn. 137-162): Francisco convida homens e mulheres a saírem da palavra e passarem a atos de reconstrução que possam integrar três componentes essenciais: o ambiental, o econômico e o social.

e) Ações concretas (LS, nn. 163-201): a resposta ao convite do papa exige ações concretas, tais como: diálogo real e mecanismos políticos de caráter internacional; diálogo onde as políticas nacionais e locais respondam ao cuidado com o planeta; a geração de transparência em processos ambientais realizados por parte dos Estados; a busca construtiva da vida humana e plena a partir da articulação entre política e economia devidamente revisadas; e, finalmente, a reunião de religiões, que são chamadas ao diálogo com as ciências, buscando o bem comum.

f) Finalmente, a importante realização de mecanismos para uma educação com espiritualidade ecológica (LS, nn. 202-246): o documento propõe um estilo de vida possível, onde se forme a consciência da criação de espaços mais humanos e amigáveis do meio ambiente. Uma conversão ecológica que permita o gozo e a paz necessária para proteger a vida em todas as suas formas na casa comum.

Exortação apostólica *Evangelli Gaudium* (EG)

Em minha percepção, é na EG que que Francisco evidencia sua opção pelo social. São grandes as partes do documento que vão ser dedicadas a exprimir sua preocupação com os mais frágeis da sociedade, em que chama a atenção para a prioridade no cuidado com estes. A preocupação pela recuperação da dignidade humana e a construção de uma sociedade onde o bem comum seja o propósito das estruturas social, política e econômica, aparecem como tema central dos capítulos 2 e 4.

Em linha constante com o Concílio Vaticano II e a Constituição pastoral *Gaudium Spes*, o papa exprime que as alegrias e as esperanças, assim como as situações de dificuldade dos perseguidos e mais necessitados, são a prioridade de uma Igreja em saída de hoje (EG, n. 20).

Uma das marcas características de Francisco é o dinamismo de saída que ele impôs a sua ação pastoral. Fazer com os que se encontram nas periferias geográficas e existenciais sejam incluídos no centro de todos os mecanismos sociais é um desafio permanente desse papa, o que é demonstrado não somente através de escritos, mas também de ações e gestos concretos.

Certamente alguns se sentem incomodados ou surpresos com tais práticas, chegando a acusá-lo frequentemente de comunista ou capitalista. De fato, Francisco não é nenhum dos dois, senão um fiel seguidor de Cristo no sentido mais estrito de sensibilidade com a fragilidade humana, sobretudo as causadas pelos sistemas que impõem ao humano situações limitantes e até mesmo degradantes. O desejo do papa, expresso na EG, é o de restaurar as estruturas de poder, permeando-as com a alegria e os valores do Evangelho.

O segundo capítulo da EG destaca o tema social sobretudo nos números 50 a 75. Em especial, o n. 50 destaca o convite de Francisco para que os que o leem possam responder, de maneira ativa, à realidade que se apresenta, e isso não somente mediante a leitura social da realidade, senão por meio da busca de respostas aos desafios e necessidades que a situação atual nos coloca. O sentido último desse número é a urgência da transformação da realidade mediante a manutenção da esperança, através do discernimento, em que se descobrem os sinais dos tempos que podem ser tocados pela Luz do Evangelho.

Essa transformação passa necessariamente pela mudança de uma mentalidade capitalista que secciona a cultura, as ciências, a educação, a saúde àqueles que podem consumi-la, excluindo a grande massa da humanidade, que, no sistema hegemônico instituído, jamais chegará a ter acesso a isso. Nesse sentido, a questão central se dá em torno a: como fazer para diminuir o abismo entre pobres e ricos?

Especificamente nos nn. 53 a 60, aparecem quatro denúncias que o papa vai considerar fundamentais para a formulação de um modelo de economia inclusiva e solidária e que denomino os "4 NÃOS" de Francisco: 1) não a uma economia de exclusão (nn. 53-54); não à idolatria do dinheiro (n. 55); não ao dinheiro que governa, ao invés de servir (nn. 57-58) e não à inequidade que gera violência (nn. 59-60).

Exortação apóstolica *Amoris Laetitia* (AL)

Neste documento Francisco responde as questões relativas ao tema ligadas diretamente à família e às relações pessoais, em referência à conclusão do Sínodo dos Bispos, realizado em outubro de 2014. Mesmo em um tema específico, o papa não deixa de propor pontos que tocam a questão social, e abre ao menos seis demandas.

Em todo o capítulo II, Francisco descreve a realidade das famílias de forma bastante ampla, e, em especial nos nn. 44-47, trata das questões sociais que podem afetar o desenvolvimento harmônico das famílias.

O texto remarca as dificuldades em que vivem algumas famílias e como é possível ajudar as pessoas que estão nessa situação a criarem oportunidade de sair da crise. Afirma o documento: "Uma família e uma casa são duas realidades que se reclamam mutuamente. Este exemplo mostra que devemos insistir nos direitos da família, e não apenas nos direitos individuais. A família é um bem de que a sociedade não pode prescindir, mas precisa ser protegida" (AL, n. 44).

As condições sociais em que vivem algumas famílias e o prejuízo aos filhos:

> Há muitos filhos nascidos fora do matrimônio, especialmente nalguns países, e muitos são os que, em seguida, crescem comum só dos progenitores e num contexto familiar alargado ou reconstituído. (...) Por outro lado, a exploração sexual da infância constitui uma das realidades mais escandalosas e perversas da sociedade atual. Além disso, nas sociedades feridas pela violência da guerra, do terrorismo ou da presença do crime organizado, acabam deterioradas as situações familiares, sobretudo nas grandes metrópoles, e nas suas periferias cresce o chamado fenômeno dos meninos da rua. O abuso sexual das crianças torna-se ainda mais escandaloso, quando se verifica em ambientes onde deveriam ser protegidas, particularmente nas famílias e nas comunidades e instituições cristãs (AL, n. 45).

Abertura à vida e educação sexual: deve estar ordenada ao futuro e suas possibilidades.

A situação das famílias emigrantes:

> As migrações "constituem outro sinal dos tempos, que deve ser enfrentado e compreendido com todo o seu peso de consequências sobre a vida familiar". O último sínodo atribuiu grande importância a esta problemática ao reconhecer que, "sob modalidades diferentes, atinge populações inteiras em várias partes do mundo. A Igreja desempenhou, neste campo, papel de primária grandeza. A necessidade de manter e desenvolver este testemunho evangélico (cf. Mt 25,35) aparece hoje mais urgente do que nunca. (...) A mobilidade humana, que corresponde ao movimento histórico-natural dos povos, pode revelar-se uma verdadeira riqueza tanto para a família que emigra como para o país que a recebe. Caso diferente é a migração forçada das famílias, em consequência de situações de guerra, perseguição, pobreza, injustiça, marcada pelas vicissitudes duma viagem que, muitas vezes, põe em perigo a vida, traumatiza as pessoas e desestabiliza as famílias. O acompanhamento dos migrantes exige uma pastoral específica dirigida tanto às famílias que emigram como aos membros dos núcleos familiares que ficaram nos lugares de origem. Isto deve ser feito respeitando as suas culturas,

a formação religiosa e humana da sua origem, a riqueza espiritual dos seus ritos e tradições, inclusive através dum cuidado pastoral específico. (...) As migrações revelam-se particularmente dramáticas e devastadoras tanto para as famílias como para as pessoas, quando têm lugar à margem da legalidade e são sustentadas por circuitos internacionais do tráfico de pessoas. O mesmo se pode dizer quando envolvem mulheres ou crianças não acompanhadas, forçadas a estadias prolongadas nos locais de passagem entre um país e outro, nos campos de refugiados, onde não é possível iniciar um percurso de integração. A pobreza extrema e outras situações de desintegração induzem, por vezes, as famílias até mesmo a vender os próprios filhos para a prostituição ou o tráfico de órgãos". As perseguições dos cristãos, bem como as de minorias étnicas e religiosas, em várias partes do mundo, especialmente no Médio Oriente, constituem uma grande prova: não só para a Igreja mas também para toda a comunidade internacional. Devem ser apoiados todos os esforços para favorecer a permanência das famílias e das comunidades cristãs nas suas terras de origem (AL, n. 45).

Bula *Misericordiae Vultus* (MV)

Em dezembro de 2015, quando da abertura do Ano da Misericórdia, Francisco apresentou neste documento um forte chamado para a sociedade viver a partir de outros parâmetros: de forma mais humana, mais fraterna e mais solidária. De forma geral, o documento expressa nessas novas formas propostas um caminho de reorganização social que gere menos violência e mais justiça. Para tanto, o papa nos chama a viver a plenitude do amor reconhecendo no outro a íntima experiência do amor de Deus; nos convida a realizar a profunda experiência de perdão, sendo esse o primeiro passo para transformar os contextos de violência e injustiça em que vive a sociedade atual em seus diversos níveis; e finalmente levar as obras de misericórdia à vida concreta, pensando especialmente nos mais frágeis, necessitados e excluídos da sociedade.

Que a palavra do perdão possa chegar a todos e a chamada para experimentar a misericórdia não deixe ninguém indiferente. O meu convite à conversão dirige-se, com insistência ainda maior, àquelas pessoas que estão longe da graça de Deus pela sua conduta de vida. Penso de modo particular nos homens e mulheres que pertencem a um grupo criminoso, seja ele qual for. Para vosso bem, peço-vos que mudeis de vida. Peço-vo-lo em nome do Filho de Deus que, embora combatendo o pecado, nunca rejeitou qualquer pecador. Não caiais na terrível cilada de pensar que a vida depende do dinheiro e que, à vista dele, tudo o mais se torna desprovido de valor e dignidade. Não passa de uma ilusão. Não levamos o dinheiro conosco para o além. O dinheiro não nos dá a verdadeira felicidade. A violência usada para acumular dinheiro que transuda sangue não nos torna poderosos nem imortais. Para todos, mais cedo ou mais tarde, vem o juízo de Deus, do qual ninguém pode escapar. O mesmo convite chegue também às pessoas fautoras ou cúmplices de corrupção. Esta praga putrefata da sociedade é um pecado grave que brada aos céus, porque mina as próprias bases da vida pessoal e social. A corrupção impede de olhar para o futuro com esperança, porque, com a sua prepotência e avidez, destrói os projetos dos fracos e esmaga os mais pobres. É um mal que se esconde nos gestos diários para se estender depois aos escândalos públicos. A corrupção é uma contumácia no pecado, que pretende substituir Deus com a ilusão do dinheiro como forma de poder. É uma obra das trevas, alimentada pela suspeita e a intriga. *Corruptio optimi pessima*: dizia, com razão, São Gregório Magno, querendo indicar que ninguém pode sentir-se imune desta tentação. Para a erradicar da vida pessoal e social são necessárias, prudência, vigilância, lealdade, transparência, juntamente com a coragem da denúncia. Se não se combate abertamente, mais cedo ou mais tarde torna-nos cúmplices e destrói-nos a vida.

Conclusão

Neste texto quisemos apresentar elementos essenciais do pensamento social do Papa Francisco através de seus documentos. Contudo, é notório que essa sempre foi sua preocupação desde os tempos de seu país natal, não por ser social em si mesma, mas por ser efetivamente o social um dos dados constituintes do Evangelho.

Deus toma partido dos pobres e excluídos por não considerar o humano de forma genérica ou abstrata, aliás, apodera-se da essência humana no concreto da história, entre tantas "classificações humanistas" propostas na história. Ele mesmo nos mostra a eleição do pobre como sendo a dele. Portanto, à Igreja não resta outra alternativa a não ser assumir essa opção, e Francisco a realiza com maestria desde os primeiros dias de seu pontificado, expressando o desejo de uma Igreja "pobre para os pobres" em palavras, gestos e documentos, recolocando ao centro da instituição não por seu desejo pessoal, mas por desejo mesmo expresso pelo Deus de Jesus Cristo, que é de justiça, misericórdia e cuidado com a vida de sua criação.

VIII
O laicato e os movimentos sociais

Benedito Ferraro

A prática dos Movimentos Populares retoma e reacende a chama da utopia na perspectiva do Êxodo: "A terra onde corre leite e mel" (Ex 3,7-10), onde se "busca a terra prometida". Reafirma a vivência da justiça e do conhecimento de Deus (cf. Jr 31,31-34). Valoriza o trabalho humano (Ecl 2,24). Assume a justiça como antecipação do Reino de Deus anunciado por Jesus de Nazaré (Mt 6,33). Anuncia que a partilha do pão é sinal de vida para todos (cf. At 2,42-47; 4,32-35). Na igualdade entre homens e mulheres, aponta para a vivência da fraternidade e sororidade (Gl 3,26-28) como fator humanizante entre as pessoas. Na certeza-esperança da Nova Terra (Ap 21,1-4), anuncia o fim da morte, do luto e da dor! Revive a busca da "Terra sem males" – "*Ivy marãey*" – da tradição tupi-guarani. Reencontra a tradição do Bem-viver e do Bem-conviver – "*Sumak Kawsay*" – da tradição indígena, em sua expressão *quéchua*. Está na mesma direção de "um outro mundo possível" do Fórum Social Mundial.

O Papa Francisco, ao debater os graves problemas sociais que afligem o mundo com os participantes dos encontros mundiais dos Movimentos Populares, assume o sofrimento daqueles e daquelas que sofrem na própria carne a desigualdade e a exclusão:

> Quando olhamos o rosto dos que sofrem, o rosto do camponês ameaçado, do trabalhador excluído, do indígena oprimido, da família sem teto, do imigrante perseguido, do jovem desempregado, da criança explorada, da mãe que perdeu o seu filho num tiroteio porque o bairro

> foi tomado pelo narcotráfico, do pai que perdeu a sua filha porque foi sujeita à escravidão; quando recordamos estes "rostos e estes nomes" estremecem-nos as entranhas diante de tanto sofrimento e comovemo-nos, todos nos comovemos.... Porque "vimos e ouvimos", não a fria estatística, mas as feridas da humanidade dolorida, as nossas feridas, a nossa carne. Isto é muito diferente da teorização abstrata ou da indignação elegante. Isto comove-nos, move-nos e procuramos o outro para nos movermos juntos. Esta emoção feita ação comunitária é incompreensível apenas com a razão: tem um *plus* de sentido que só os povos entendem e que confere a sua mística particular aos verdadeiros movimentos populares.[1]

Sem negar a presença de padres, religiosas, religiosos, bispos e, em muitos momentos, contando com seu apoio, quem assume os Movimentos Populares, em sua imensa maioria, são os leigos e leigas, cristãos e cristãs, junto com outros e outras militantes pertencentes a outras religiões e homens e mulheres dos mais diversos países e culturas que lutam pela justiça e desejam construir a paz e a fraternidade entre os povos do mundo inteiro. O Papa Francisco tem consciência dessa diversidade e da presença, nos Movimentos Populares, de uma variedade quase que indescritível de pessoas:

> Que posso fazer eu, recolhedor de papelão, catador de lixo, limpador, reciclador, diante de tantos problemas, se mal ganho para comer? Que posso fazer eu, artesão, vendedor ambulante, carregador, trabalhador irregular, se não tenho sequer direitos laborais? Que posso fazer eu, camponesa, indígena, pescador que dificilmente consigo resistir à propagação das grandes corporações? Que posso fazer eu, a partir da minha comunidade, do meu barraco, da minha povoação, da minha favela, quando sou diariamente discriminado e margina-

---

1 PAPA FRANCISCO. Discurso no II Encontro Mundial de Movimentos Populares. Santa Cruz de la Sierra, Bolívia, 9 de julho de 2015.

lizado? Que pode fazer aquele estudante, aquele jovem, aquele militante, aquele missionário que atravessa as favelas e os paradeiros com o coração cheio de sonhos, mas quase sem nenhuma solução para os seus problemas? Podem fazer muito. Vós, os mais humildes, os explorados, os pobres e excluídos, podeis e fazeis muito. Atrevo-me a dizer que o futuro da humanidade está, em grande medida, nas vossas mãos, na vossa capacidade de vos organizar e promover alternativas criativas na busca diária dos três "T" – entendido? – (trabalho, teto, terra), e também na vossa participação como protagonistas nos grandes processos de mudança, mudanças nacionais, mudanças regionais e mudanças mundiais.[2]

Os três Encontros Mundiais dos Movimentos Populares com o Papa Francisco debatem temas que tocam os grandes problemas que afligem a grande maioria da população mundial. Mesmo partindo do pequeno, do local, nota-se uma articulação em termos que o Papa Francisco chama de "processo de mudança", mas que tem uma dimensão universal, global:

O colonialismo ideológico globalizante procura impor receitas supraculturais que não respeitam a identidade dos povos. Vocês seguem por um caminho que é, ao mesmo tempo, local e universal. Um caminho que me recorda como Jesus pediu para organizar a multidão em grupos de cinquenta para distribuir o pão (cf. Homilia na Solenidade de Corpus Christi, Buenos Aires, 12 de junho de 2004). Há pouco pudemos ver o vídeo que vocês apresentaram como conclusão deste terceiro encontro. Vimos os vossos rostos nas discussões sobre como enfrentar "a desigualdade que gera violência". Tantas propostas, tanta criatividade, tanta esperança na vossa voz que talvez teria mais motivos para lamentar-se, permanecer paralisada nos conflitos, cair na tentação do negativo. Mesmo assim, vocês olham em frente, pensam, discutem, propõe e agem... Acredito que este nosso diálogo, que se soma aos

---

2 Ibid.

esforços de tantos milhões de pessoas que trabalham diariamente pela justiça em todo o mundo, está lançando raízes.[3]

Como o Papa Francisco aponta, esse processo de mudança deve gerar "processos e não somente ocupar espaços:

> A mudança concebida, não como algo que um dia chegará porque se impôs esta ou aquela opção política ou porque se estabeleceu esta ou aquela estrutura social. Sabemos, amargamente, que uma mudança de estruturas, que não seja acompanhada por uma conversão sincera das atitudes e do coração, acaba a longo ou curto prazo por burocratizar-se, corromper-se e sucumbir. É preciso mudar o coração. Por isso gosto tanto da imagem do processo, onde a paixão por semear, por regar serenamente o que outros verão florescer, substitui a ansiedade de ocupar todos os espaços de poder disponíveis e de ver resultados imediatos. A opção é a de gerar processos e não a de ocupar espaços.[4]

O objetivo dos Movimentos Populares abarca um grande leque de frentes e está sempre voltado para transformar a realidade. Sua ação, como afirma o Papa Francisco:

> ... é pensar e agir em termos de comunidade, de prioridade de vida de todos sobre a apropriação dos bens por parte de alguns. Também é lutar contra as causas estruturais da pobreza, a desigualdade, a falta de

[3] PAPA FRANCISCO. Discurso na conclusão do III Encontro Internacional dos Movimentos Populares. Vaticano, 5 nov. 2016. O Papa Francisco retoma, nesse discurso, uma de suas afirmações presentes na *Evangelii Gaudium*: "O todo é mais do que a parte, sendo também mais do que a simples soma delas. Portanto, não se deve viver demasiadamente obcecados por questões limitadas e particulares. É preciso alargar sempre o olhar para reconhecer um bem maior que trará benefícios a todos nós. Mas há de fazê-lo sem se evadir nem se desenraizar. É necessário mergulhar as raízes na terra fértil e na história do próprio lugar, que é um dom de Deus. Trabalha-se no pequeno, no que está próximo, mas com uma perspectiva mais ampla" (EG, 255).

[4] Id. Discurso no II Encontro Mundial de Movimentos Populares. Santa Cruz de la Sierra, Bolívia, 9 de julho de 2015.

trabalho, de terra e de moradia, a negação dos direitos sociais e trabalhistas. É enfrentar os destrutivos efeitos do Império do dinheiro: os deslocamentos forçados, as migrações dolorosas, o tráfico de pessoas, a droga, a guerra, a violência e todas essas realidades que muitos de vocês sofrem e que todos somos chamados a transformar. A solidariedade, entendida em seu sentido mais profundo, é um modo de fazer história, e é isso que os movimentos populares fazem.[5]

Fazer história significa dizer que os Movimentos Populares são protagonistas e, como protagonistas, realizam ações econômicas, políticas, sociais e culturais, apontando para um futuro que se constrói a partir do presente. Como afirma a canção popular: "Quem espera sempre alcança, três vezes salve a esperança!". Reforçando essa perspectiva de construção histórica, assim se expressa o Papa Francisco:

> Este encontro nosso não responde a uma ideologia. Vocês não trabalham com ideias, trabalham com realidades como as que eu mencionei e muitas outras que me contaram... têm os pés no barro, e as mãos, na carne. Têm cheiro de bairro, de povo, de luta! Queremos que se ouça a sua voz, que, em geral, se escuta pouco. Talvez porque incomoda, talvez porque o seu grito incomoda, talvez porque se tem medo da mudança que vocês reivindicam, mas, sem a sua presença, sem ir realmente às periferias, as boas propostas e projetos que frequentemente ouvimos nas conferências internacionais ficam no reino da ideia, é um projeto meu.[6]

Essa construção da história demanda uma base social e uma ação de longo prazo, um anseio concreto, que possa reacender, animar e fortalecer a utopia que move a história. Assim, além de garantir as

---

[5] Id. Discurso do Papa Francisco aos participantes do I Encontro Mundial de Movimentos Populares. Vaticano, 28 de outubro de 2014.

[6] Id. Discurso do Papa Francisco aos participantes do I Encontro Mundial de Movimentos Populares. Vaticano, 28 de outubro de 2014.

demandas de terra, teto e trabalho, o Papa Francisco afirma que o anseio concreto deve ser ainda mais exigente:

> Não é sequer, embora fosse já um grande passo, garantir o acesso aos "3 T" pelos quais combateis. Isto envolve os "3 T" mas também acesso à educação, à saúde, à inovação, às manifestações artísticas e culturais, à comunicação, ao desporto e à recreação. Uma economia justa deve criar as condições para que cada pessoa possa gozar duma infância sem privações, desenvolver os seus talentos durante a juventude, trabalhar com plenos direitos durante os anos de atividade e ter acesso a uma digna aposentação na velhice. É uma economia onde o ser humano, em harmonia com a natureza, estrutura todo o sistema de produção e distribuição de tal modo que as capacidades e necessidades de cada um encontrem um apoio adequado no ser social. Vós – e outros povos também – resumis este anseio duma maneira simples e bela: "viver bem", que não é a mesma coisa que "aproveitar".[7]

A importância dos movimentos sociais com a participação dos leigos e leigas, cristãos e cristãs, junto com pessoas de outras religiões, e as que lutam pela justiça a partir de suas convicções humanísticas, nos mais diferentes campos da atividade humana, se revela em toda sua profundidade quando os povos se movimentam na perspectiva de sua libertação integral. Isso é causa de alegria e esperança:

> Como é lindo, ao contrário, quando vemos em movimento os povos, sobretudo os seus membros mais pobres e os jovens. Então, sim, se sente o vento da promessa que aviva a esperança de um mundo melhor. Que esse vento se transforme em vendaval de esperança. Esse é o meu desejo. Este encontro nosso responde a um anseio muito concreto, algo que qualquer pai, qualquer mãe quer para os seus filhos;

---

[7] Id. Discurso no II Encontro Mundial de Movimentos Populares. Santa Cruz de la Sierra, Bolívia, 9 de julho de 2015. O papa faz referência ao SUMAK KAWSAY, que expressa a combinação do Bem-viver com o Bem-conviver. Não se vive bem, se não há convivência entre as pessoas, com os outros seres e com toda a natureza.

> um anseio que deveria estar ao alcance de todos, mas que hoje vemos com tristeza cada vez mais longe da maioria: terra, teto e trabalho. É estranho, mas, se eu falo disso para alguns, significa que o papa é comunista. Não se entende que o amor pelos pobres está no centro do Evangelho. Terra, teto e trabalho – isso pelo qual vocês lutam – são direitos sagrados.[8]

Em relação a essa falsa acusação contra o Papa Francisco, podemos recordar a afirmação de Dom Helder Camara: "Quando dou comida aos pobres, me chamam de santo. Quando pergunto por que eles são pobres, chamam-me de comunista!".

Nos três encontros do Papa Francisco com os Movimentos Populares Mundiais, encontramos muitos temas que merecem aprofundamento. Vamos apresentar alguns de maior relevância e que poderão receber explicitações posteriores.

Necessidade de mudança estrutural

Em uma análise da realidade de hoje, em relação a toda a América Latina e ao Caribe, assim como dirigindo um olhar crítico para o mundo atual, percebe-se a necessidade de mudança. O olhar a partir dos Movimentos Populares Mundiais ajuda o Papa Francisco a precisar a intensidade dessa mudança:

> Em primeiro lugar, comecemos por reconhecer que precisamos duma mudança. Quero esclarecer, para que não haja mal-entendidos, que falo dos problemas comuns de todos os latino-americanos e, em geral, também de toda a humanidade. Problemas que têm uma matriz global e que atualmente nenhum Estado pode resolver por si mesmo. Feito este esclarecimento, proponho que nos coloquemos estas perguntas:

---

[8] Id. Discurso do Papa Francisco aos participantes do I Encontro Mundial de Movimentos Populares. Vaticano, 28 de outubro de 2014.

– Reconhecemos nós, de verdade, que as coisas não andam bem num mundo onde há tantos camponeses sem terra, tantas famílias sem teto, tantos trabalhadores sem direitos, tantas pessoas feridas na sua dignidade?

– Reconhecemos nós que as coisas não andam bem, quando explodem tantas guerras sem sentido e a violência fratricida se apodera até dos nossos bairros? Reconhecemos nós que as coisas não andam bem, quando o solo, a água, o ar e todos os seres da criação estão sob ameaça constante?

Então, se reconhecemos isto, digamo-lo sem medo: Precisamos e queremos uma mudança.[9]

Uma economia a serviço da vida

A mudança deve acontecer, porque quem está governando o mundo é o dinheiro. Assim se expressa o Papa Francisco:

> Quem governa então? O dinheiro. Como governa? Com o chicote do medo, da desigualdade, da violência econômica, social, cultural e militar que gera sempre mais violência em uma espiral descendente que parece não acabar nunca. Quanta dor, quanto medo! Existe – disse recentemente –, existe um terrorismo de base que deriva do controle global do dinheiro sobre a terra e ameaça toda a humanidade. Deste terrorismo de base se alimentam os terroristas derivados como o narcoterrorismo, o terrorismo de Estado e aquele que alguns erroneamente chamam terrorismo étnico ou religioso. Nenhum povo, nenhuma religião é terrorista. É verdade, existem pequenos grupos fundamentalistas de todas as partes.[10]

---

[9] Id. Discurso no II Encontro Mundial de Movimentos Populares. Santa Cruz de la Sierra, Bolívia, 9 de julho de 2015.

[10] Id. Discurso na conclusão do III Encontro Internacional dos Movimentos Populares. Vaticano, 5 de novembro de 2016.

A mudança deve nos levar à criação de uma economia a serviço dos povos, pois, como afirma o Papa Francisco:

> Os seres humanos e a natureza não devem estar a serviço do dinheiro. Digamos NÃO a uma economia de exclusão e desigualdade, onde o dinheiro reina em vez de servir. Esta economia mata. Esta economia exclui. Esta economia destrói a Mãe Terra.[11]

Cultura do encontro

Os Movimentos Populares Mundiais possuem uma força aglutinadora e unificadora, mesmo conservando as diferenças culturais. Há uma convergência nos pontos comuns, de tal modo que se possa construir comunhão mesmo com a diversidade. Assim se expressa o Papa Francisco:

> Sei que entre vocês há pessoas de distintas religiões, ofícios, ideias, culturas, países, continentes. Hoje, estão praticando aqui a cultura do encontro, tão diferente da xenofobia, da discriminação e da intolerância que vemos tantas vezes. Entre os excluídos, dá-se esse encontro de culturas em que o conjunto não anula a particularidade, o conjunto não anula a particularidade. Por isso eu gosto da imagem do poliedro, uma figura geométrica com muitas caras distintas. O poliedro reflete a confluência de todas as particularidades que, nele, conservam a originalidade. Nada se dissolve, nada se destrói, nada se domina, tudo se integra. Hoje, vocês também estão buscando essa síntese entre o local e o global. Sei que trabalham dia após dia no próximo, no concreto, no seu território, seu bairro, seu lugar de trabalho: convido-os também a continuarem buscando essa perspectiva mais ampla, que nossos sonhos voem alto e abranjam tudo.[12]

---

[11] Ibid. Esta mesma afirmação está na EG, 53.

[12] Id. Discurso do Papa Francisco aos participantes do I Encontro Mundial de Movimentos Populares. Vaticano, 28 de outubro de 2014.

Revitalizar nossas democracias

Pela dinâmica dos Movimentos Populares, notam-se maior liberdade e criatividade diante dos problemas que não se prendem a um partido, a uma instituição, pois as necessidades e exigências são tão prementes que exigem soluções novas e ousadas. A participação direta na solução dos problemas dá novo vigor para a vida democrática:

> Os movimentos populares expressam a necessidade urgente de revitalizar as nossas democracias, tantas vezes sequestradas por inúmeros fatores. É impossível imaginar um futuro para a sociedade sem a participação protagônica das grandes maiorias, e esse protagonismo excede os procedimentos lógicos da democracia formal. A perspectiva de um mundo da paz e da justiça duradouras nos exige superar o assistencialismo paternalista, nos exige criar novas formas de participação que inclua os movimentos populares e anime as estruturas de governo locais, nacionais e internacionais com essa torrente de energia moral que surge da incorporação dos excluídos na construção do destino comum. E isso com ânimo construtivo, sem ressentimento, com amor.[13]

Defesa da Mãe Terra

Nos três encontros com os Movimentos Populares Mundiais, o Papa Francisco tem alertado para a defesa da natureza, a nossa casa comum:

> Neste encontro, também falaram da paz e da ecologia. É lógico: não pode haver terra, não pode haver teto, não pode haver trabalho, se não temos paz e se destruímos o planeta. São temas tão importantes, que os povos e suas organizações de base não podem deixar de debater. Não podem deixar só nas mãos dos dirigentes políticos. Todos os

---

[13] Ibid.

povos da terra, todos os homens e mulheres de boa vontade têm que levantar a voz em defesa desses dois dons preciosos: a paz e a natureza. A irmã Mãe Terra, como chamava São Francisco de Assis.[14]

O Papa Francisco também indica que o descuido com a natureza acarreta sofrimentos maiores para os pobres:

> Um sistema econômico centrado no deus dinheiro também precisa saquear a natureza, para sustentar o ritmo frenético de consumo que lhe é inerente. As mudanças climáticas, a perda da biodiversidade, o desmatamento, já estão mostrando seus efeitos devastadores nos grandes cataclismos que vemos, e os que mais sofrem são vocês, os humildes, os que vivem perto das costas, em moradias precárias, ou que são tão vulneráveis economicamente que, diante de um desastre natural, perdem tudo.[15]

A natureza deve ser vista como dádiva de Deus a todas as pessoas e não pode ser considerada propriedade de alguns em detrimento da maioria:

> Irmãos e irmãs, a criação não é uma propriedade da qual podemos dispor ao nosso gosto; muito menos é uma propriedade só de alguns, de poucos: a criação é um dom, é um presente, um dom maravilhoso que Deus nos deu para que cuidemos dele e o utilizemos em benefício de todos, sempre com respeito e gratidão.[16]

A terra é nossa casa comum e todos somos irmanados nela. Todos os cristãos e cristãs somos convocados para cuidar dela e construir um mundo melhor.

---

[14] Ibid.

[15] Ibid.

[16] Ibid.

A modo de conclusão

Cremos que esses encontros do Papa Francisco com os Movimentos Populares Mundiais nos ajudam a compreender o vigor e a esperança que deles surgem para alimentar a utopia de *um outro mundo possível e urgente*. A conclusão do discurso do Papa Francisco no II Encontro com os Movimentos Populares Mundiais aponta para essa utopia, que, como dizemos no início, nos dá esperança de que a história nos reserva grandes novidades da presença do Espírito que a conduz a sua plenitude:

> O futuro da humanidade não está unicamente nas mãos dos grandes dirigentes, das grandes potências e das elites. Está fundamentalmente nas mãos dos povos; na sua capacidade de se organizarem e também nas suas mãos que regem, com humildade e convicção, este processo de mudança. Estou convosco. E cada um, repitamos a nós mesmos do fundo do coração: nenhuma família sem teto, nenhum camponês sem terra, nenhum trabalhador sem direitos, nenhum povo sem soberania, nenhuma pessoa sem dignidade, nenhuma criança sem infância, nenhum jovem sem possibilidades, nenhum idoso sem uma veneranda velhice. Continuai com a vossa luta e, por favor, cuidai bem da Mãe Terra. Acreditai em mim, e sou sincero, de coração vos digo: Rezo por vós, rezo convosco e quero pedir a nosso Pai Deus que vos acompanhe e abençoe, que vos cumule do seu amor e defenda no caminho, concedendo-vos, em abundância, aquela força que nos mantém de pé: esta força é a esperança, a esperança que não decepciona.[17]

[17] Id. Discurso no II Encontro Mundial de Movimentos Populares. Santa Cruz de la Sierra, Bolívia, 9 de julho de 2015.

IX
Cristãos leigos em defesa da terra

Edelcio Ottaviani

O recente documento da Conferência Nacional dos Bispos do Brasil (CNBB), n. 105, no tópico sobre a formação dos cristãos leigos e leigas na Igreja e na sociedade, retoma o *leitmotiv* "Igreja em saída" para reforçar o ensinamento de que "cada membro é chamado a ser um sujeito ativo que, segundo sua capacidade e de acordo com seus carismas e sua função, se coloca a serviço dos irmãos" (CNBB, 2016, n. 228). Ele se apoia nos pronunciamentos de Francisco, ao longo dos quatro primeiros anos de seu pontificado, para ressaltar a importância de um laicato bem formado que anuncie, com convicção e testemunho, a mensagem evangélica nos "areópagos" modernos (cf. CNBB, n. 273). Os bispos do Brasil, alinhados ao Sumo Pontífice, retomam a noção povo de Deus, presente no segundo capítulo da Constituição dogmática *Lumen Gentium*, e apontam para a singular participação dos leigos na construção do Reino, "começado já na terra pelo próprio Deus e que deve ser continuamente desenvolvido até que no fim dos séculos seja por ele completado, quando Cristo, nossa vida, aparecerá (cf. Cl 3,4)" (LG, 9).

Os bispos brasileiros acentuam a vertente missionária que marcou a história da Igreja desde os primórdios, revigoram os ensinamentos do Concílio Vaticano II a respeito do sacerdócio comum dos fiéis e reafirmam as orientações da Conferência de Aparecida (V Celam), ao relembrarem que o sair em missão, como seguidores de Jesus Cristo, pressupõe estar a serviço do Reino, em diálogo com o mundo, por meio de uma inserção efetiva na realidade histórica de cada povo. Como disse o Papa Francisco à classe dirigente do Brasil, por ocasião da Jornada Mundial da Juventude, trata-se de uma Igreja "em saída", que entra na noite do povo e é capaz de fazer-se próxima e companheira, mãe de coração aberto, para curar as feridas e aquecer o coração daqueles que se sentem esquecidos ou abandonados (cf. apud CNBB, 2016, n. 170). É a imagem da Igreja, como "hospital de campanha", tão cara a Francisco, cujos discípulos "primeireiam". O papa lança mão desse neologismo para indicar a necessária predisposição dos seguidores de Jesus em tomar a dianteira, sem medo de ir ao encontro do outro, de "procurar os afastados e chegar às encruzilhadas dos caminhos para convidar os excluídos" (EG, 24).

Igreja e missão

Dirigido especialmente aos leigos e leigas, o Documento n. 105 salienta o *munus* sacerdotal que é conferido por meio do Batismo aos fiéis, cujas vidas, na constante busca de conversão e de santificação, são oferecidas ao Senhor (cf. CNBB, 2016, n. 110). No sacerdócio comum dos fiéis, dizem os bispos, "se baseiam a fraternidade, a irmandade, a dignidade de todos na Igreja enquanto única família de Deus". No entanto, para que a ação missionária seja eficaz em sua tarefa de transformação social, particularmente aquela relacionada às questões de preservação da dignidade humana e do meio ambiente, faz-se necessária uma formação que pressuponha itinerários diversificados, nos quais se nota o respeito aos processos individuais e comunitários. Os leigos têm todo o direito de exigir espaço e tempo daqueles que exercem o sacerdócio ministerial – e que recebem a formação necessária ao bom desempenho de sua função – para encontrar, em cada contexto, "os meios mais adequados de compreensão e comunicação do Evangelho" (CNBB, 2016, n. 233). Trata-se aqui da ordenação recíproca do sacerdócio comum dos fiéis e do sacerdócio ministerial ou hierárquico, da qual nos fala a *Lumen Gentium* e segundo a qual, guardadas as respectivas diferenças, cada um participa do sacerdócio único de Cristo (cf. LG, 10). Nesse contexto, uma formação imbuída de um profundo sentido espiritual, que erradique de seu meio os mecanismos de exclusão, é indispensável. Por um processo formativo planejado, cada seguidor de Jesus Cristo deve se perceber inserido num processo de identificação contínua com seu mestre, transformando-se ao transformar a sociedade em que vive.

Em sintonia com a Exortação apostólica *Evangelii Gaudium*, os bispos brasileiros atentam para a necessidade de formação do laicato católico, que deve adquirir as seguintes características: ser mistagógica (relacionada com a catequese, a liturgia e a vida), integral (abrangendo aspectos da fé, da razão, da emoção e da espiritualidade), missionária, inculturada, articuladora, prática, dialogante, específica, permanente, atualizada e planejada (cf. CNBB, 2016, n. 238). Nesse processo formativo, a comunidade dos fiéis leigos, assessorada por seus pastores, cria uma intimidade com Cristo sob a ação do Espírito. O papa, em uma das homilias proferidas na Casa Santa Marta, agrupadas no livro *A verdade é um encontro*, nos lembra de que o Espírito Santo abre o nosso coração para o conhecimento de Jesus e o encontro com ele (cf. Francisco, 2015, p. 121). Segundo Francisco, não é possível entender a vida cristã sem o Espírito Santo. Sem ele, nossa vida religiosa, ainda que piedosa e crente, seria em nada distinta da religiosidade pagã e se veria privada da vitalidade que Jesus quer para seus discípulos. É o Espírito quem "dá testemunho" do nazareno, a fim de podermos transmiti-lo aos outros. Ele age em nós durante todo o dia, durante a nossa vida, como testemunha que nos diz onde o Filho de Deus está.

Depois de ter voltado o olhar para o nosso planeta na *Evangelii Gaudium*, ainda que *en passant,* Francisco, no segundo ano de seu pontificado, decide escrever um novo documento tratando especificamente do cuidado com a Mãe Terra. Considerada por muitos a Carta Magna do ensino social da Igreja, no que se refere às questões ambientais, *Laudato Sì* lança um convite urgente para renovar o diálogo sobre a maneira como estamos construindo o futuro de nosso planeta (cf. LS, 14). Francisco é consciente de que essa tarefa transcende a Igreja de Cristo, e não hesita em somar esforços no cuidado com nossa casa comum. Reconhece os benefícios e o árduo trabalho desenvolvido pelo movimento ecológico mundial e as frustrações causadas pela recusa dos poderosos em mudar as condutas econômicas notoriamente nocivas à preservação ambiental. O desinteresse de muitos – marcado pela indiferença ou resignação acomodada ou mesmo pela confiança cega nas soluções técnicas, diante do desastre ambiental decorrente do aquecimento global – é outro grande problema. Para o papa, faz-se necessária uma solidariedade universal, aludida pelos bispos da África, ao dizer que cada um de nós pode colaborar, "como instrumentos de Deus, no cuidado da criação, cada um a partir da sua cultura, experiência, iniciativas e capacidades" (LS, 14).

Francisco nos lembra de nossa responsabilidade em fazer uma interpretação correta da narrativa do Gênesis, para que não seja imputada ao pensamento judaico-cristão a legitimação à exploração selvagem da natureza, por causa do convite feito por Deus ao homem de "dominar" a terra (cf. Gn 1,28). É importante que os cristãos, em particular os leigos, sejam esclarecidos por meio de uma leitura contextualizada do texto bíblico e assegurada por uma justa hermenêutica. Essa interpretação contextualizada mostra que, logo após o convite para "dominar", há também um convite para "cultivar e guardar" o jardim do mundo (cf. Gn 2,15). Como nos recorda São João Paulo II, na Encíclica *Sollicitudo Rei Socialis* (1987), a tarefa de "dominar" sobre as outras criaturas e de "cultivar o jardim" deve ser desempenhada no quadro da *obediência* à lei divina: "Quando o homem desobedece a Deus e se recusa a submeter-se ao seu poder, então a natureza rebela-se contra ele e já não o reconhece como 'senhor', porque ele ofuscou em si a imagem divina" (SRS, 30). Francisco afirma que "cada comunidade pode tomar da bondade da terra aquilo de que necessita para sua sobrevivência, mas tem o dever de protegê-la e garantir a continuidade da sua fertilidade para as gerações futuras" (LS, 67). Por meio de um franco falar (*parresía*), o papa alerta os cristãos para a necessidade de serem coerentes com a própria fé e a não contradizerem com suas ações, pois, se uma má compreensão das Sagradas Escrituras nos levou a justificar o abuso da natureza, ou o domínio despótico do ser humano sobre a criação, é preciso reconhecer que fomos infiéis ao tesouro que devíamos guardar (cf. LS, 200).

Marcial Maçaneiro, ao tratar da relação entre a ecologia e o ensino social da Igreja em um artigo contido no livro *Magistério e Doutrina Social da Igreja*, organizado por Ronaldo Zacharias e Rosana Manzini, nos diz que a Encíclica *Laudato Sì*, inspirada no Cântico das Criaturas de São Francisco de Assis, "propõe uma tomada de consciência sobre a crise climática, energética, sanitária e alimentar das últimas décadas, e nos permite individuar suas *causas objetivas* (exploração, poluição, limitação de recursos) e *subjetivas* (consumismo, desperdício, indiferença)" (2016, p. 271). Nesse cenário, não podemos fechar os olhos ao impacto da crise ecológica sobre as populações pobres e o aumento cada vez maior da desigualdade social, fruto de uma maximização do lucro às custas de um usufruto irresponsável da natureza. Francisco nos lembra de que essa desigualdade social não afeta apenas os indivíduos, mas países inteiros, e obriga a pensar em uma ética das relações internacionais. É preciso reconhecer que "as exportações de algumas matérias-primas para satisfazer os mercados do Norte industrializado produziram danos locais, como a contaminação com mercúrio na extração minerária do ouro ou com dióxido de enxofre na do cobre" (LS, 51). No Brasil, a tragédia em Bento Rodrigues, subdistrito de Mariana (MG), provocada pela exploração irresponsável da Mineradora Samarco, é um bom exemplo disso. É tarefa de todos e um campo aberto a iniciativas missionárias por parte dos leigos esclarecer que o aquecimento causado pelo enorme consumo de alguns países ricos tem repercussões nos lugares mais pobres da terra, especialmente na África, onde o aumento da temperatura tem efeitos desastrosos nos rendimentos das plantações. Mostrar os efeitos nocivos do desmatamento, propor mudança de condutas nos meios urbanos e rurais em relação ao desperdício de água, criar alternativas para um consumo responsável e o aproveitamento de materiais recicláveis, eis algumas iniciativas pastorais que transcendem os limites da área paroquial e podem ser abraçadas por todos, para além da pluralidade de credos e religiões.

Essa tarefa hercúlea mostra a necessidade de termos leigos e leigas cada vez mais engajados que aproximem a ecologia ambiental (cuidado com a biodiversidade) da ecologia humana (promoção de políticas públicas que afetam positivamente a qualidade da vida das populações). A Encíclica *Laudato Sì* insiste na relação entre a natureza e a sociedade que a habita (cf. LS 139). Como diz o papa, "as razões pelas quais um lugar se contamina exigem a análise do funcionamento da sociedade, da sua economia, do seu comportamento, das maneiras de entender a realidade" (LS 139). Doravante, em se tratando de respeito ao meio ambiente, não é mais possível pensar em respostas parciais, mas é preciso buscar soluções integrais que considerem as interações dos sistemas naturais entre si com os sistemas sociais.

Ecologia integral

Cientes dos graves problemas que afetam os mais pobres da terra, em decorrência do aquecimento global, e coerentes com as conclusões das próprias reflexões, os bispos brasileiros enfatizam a responsabilidade deles próprios, dos presbíteros, diáconos, consagrados e lideranças leigas de um modo geral, no processo formativo do laicato e, consequentemente, na constituição de uma consciência ecológica que integre defesa dos direitos humanos e respeito ao meio ambiente. Segundo eles, é tarefa primordial de cada organização laical assumir a formação de seus membros: "Sem uma formação permanente, contínua e consistente, o cristão leigo corre o risco de estagnar-se em sua caminhada eclesial" (CNBB, 2016, n. 226). No que diz respeito ao cuidado com a casa comum, afirmam:

> Os cristãos leigos e leigas assumirão com coragem a busca de uma comunhão com a criação, a defesa da água, do clima, das florestas e dos mares, como bens públicos a serviço de todas as criaturas. Com animada espiritualidade, educação e consciência responsável, contribuirão para gerar uma civilização centrada na simplicidade, no cuidado da vida e na interdependência de todas as criaturas (CNBB, 2016, n. 272).

Com essas orientações, os bispos do Brasil fazem uma recepção aos ensinamentos do Papa Francisco sobre as urgências de uma conversão ecológica.

Com efeito, no âmbito epistemológico, Francisco introduz a noção de uma *ecologia integral*, inspirada na relação do *poverello* com toda a criação:

> O seu testemunho [de Francisco de Assis] mostra-nos também que uma ecologia integral requer abertura para categorias que transcendem a linguagem das ciências exatas ou da biologia e nos põem em contato com a essência do humano. (...) A sua reação ultrapassava de longe uma mera avaliação intelectual ou um cálculo econômico, porque, para ele, qualquer criatura era uma irmã, unida a ele por laços de carinho. Por isso, sentia-se chamado a cuidar de tudo que existe (LS, 11).

O papa oferece às reflexões precedentes um enfoque conectivo e não fragmentário da questão ecológica, articulando humanidade, sociedade e natureza de modo conjuntivo. Se, por um lado, ele distingue esses fenômenos para melhor conhecê-los, por outro, mostra como estão conectados. Tais como os fios tecidos pela aranha, humanidade, sociedade e natureza se entrelaçam na teia da vida. Francisco não faz distinção entre a ecologia humana, social e ambiental, para que não as percebamos de modo estanque. Ao contrário, ele as aborda separadamente, para que compreendamos como elas se implicam mutuamente, segundo os princípios *da interação* (conexões que se dão na teia vital) e *da responsabilidade* (cuidado humano pela vida das espécies). Eis aí uma característica do método de análise do Papa Francisco e que pode ser introduzida na primeira etapa do "ver, julgar e agir": ele separa os elementos para melhor integrá-los.

No campo jurídico, o pontífice questiona os limites de uma jurisprudência construída sobre uma supervalorização dos direitos do indivíduo (o cidadão da modernidade), em detrimento do direito "dos povos mais pobres da terra" (EG, 190). Chama a nossa atenção para o fato de que até mesmo os direitos humanos podem ser usados como justificação para uma defesa exacerbada dos diretos individuais ou do direito dos povos mais ricos. Diz Francisco: "é preciso recordar-se sempre de que o planeta é de toda a humanidade e para toda a humanidade, e que o simples fato de ter nascido num lugar com menores recursos ou menor desenvolvimento não justifica que algumas pessoas vivam menos dignamente" (EG, 190). Tal qual Bento XVI, ele nos alerta para os riscos da privatização generalizada dos recursos naturais e apela para a multiplicação de atos de abnegação e solidariedade, para que os bens recebidos possam ser geridos da forma mais equitativa e inclusiva.

Maçaneiro nos lembra dos cinco aspectos basilares do cuidado com a casa comum apregoados por Francisco e ligados ao ensino social da Igreja sobre a ecologia: "perspectiva cósmica da salvação, a terra como casa de toda a humanidade, a fraternidade dos que convivem no planeta, o destino universal dos bens da criação, o primado do bem comum" (2016, p. 267).

No universo religioso, Francisco faz um apelo aos crentes para que sejam coerentes com a própria fé, e não a contradigam com suas ações, abrindo-se à graça de Deus e nutrindo-se profundamente das próprias convicções sobre o amor, a justiça e a paz (cf. LS, 200). Uma vez que a maior parte dos habitantes do planeta declara-se crente,

> isto deveria levar as religiões a estabelecerem um diálogo entre si, visando ao cuidado da natureza, à defesa dos pobres, à construção de uma rede de respeito e fraternidade. (...). A gravidade da crise ecológica obriga-nos, a todos, a pensar no bem comum e a prosseguir pelo caminho do diálogo que requer paciência, ascese e generosidade, lembrando-nos sempre de que "a realidade é superior à ideia" (LS, 201).

No próximo tópico, como conclusão, abordaremos a espiritualidade que decorre dessa visão integral dos problemas ambientais, de cuja seiva leigos e leigas não se devem abster.

Ação missionária dos leigos à luz da ecoespiritualidade integral

Os bispos brasileiros, em seu cuidado pastoral, lembram que "os cristãos leigos, homens e mulheres, são chamados, antes de tudo, à santidade" (CNBB, 2016, n. 116). Interpelados a viverem-na no mundo, são instados pelo Espírito Santo a "cultivar a vida interior e a relação pessoal com Cristo, de modo que, iluminados pelo Espírito Santo, em todas as circunstâncias, tudo façam para a glória de Deus, a salvação do mundo e o bem de todos" (CNBB, 2016, n. 116). Cientes de que é a santidade de vida que torna a Igreja atraente e convincente, os bispos apontam para os locais (*loci*) em que essa santificação se desenvolve (no cotidiano, na vida familiar, profissional e social) e onde se faz mais necessária: nas periferias urbanas ou rurais, cujas necessidades são as mais urgentes e a defesa de seus direitos o esteio para uma sociedade fundamentada na justiça e na paz (cf. CNBB, n. 161). Francisco, ao tratar da ação misteriosa do Ressuscitado e do seu Espírito, recorda que ela jamais se faz presente em meio ao pessimismo, fatalismo e desconfiança. Sem a esperança de que as coisas possam mudar, num apego incessante às comodidades e aos prazeres hodiernos, a missão é impossível. O imobilismo decorrente desse estado de ânimo, diz o papa, é uma "desculpa maligna para continuar fechado na própria comodidade, na preguiça, na tristeza insatisfeita, no vazio egoísta" (EG, 275), e não condiz com a fé no Ressuscitado, que "triunfou sobre o pecado e a morte e possui todo o poder" (EG, 275).

Francisco nos convida a contemplar o fato de que os valores tendem sempre a reaparecer sob novas formas, assim como os acontecimentos históricos nos mostram o ser humano renascendo de situações que pareciam irreversíveis. Como não pensar na resistência ao nazismo e aos sistemas ditatoriais na América Latina e em outros países do Terceiro Mundo? Aqueles que viveram nos campos de concentração ou nas prisões clandestinas (Brasil, Chile e Argentina) tinham a impressão de que aquele "inferno" jamais iria passar. O apelo à salvaguarda da dignidade e à liberdade, dons de Deus concedidos a toda humanidade, impeliu milhares de pessoas a se engajarem em grupos de resistência e, em muitos casos, a entregarem a própria vida, como fez o Filho Deus, doando-se a si mesmo para que todas as criaturas conhecessem o caminho da verdadeira vida. Nesse contexto, vale a pena recordar as palavras do profeta Isaías:

> Um ramo sairá do tronco de Jessé, um rebento brotará de suas raízes. Sobre ele repousará o espírito de Yahweh, espírito de sabedoria e de inteligência, espírito de conselho e de fortaleza, espírito de conhecimen-

> to e de temor de Yahweh: no temor de Yahweh estará sua inspiração. (...) Julgará os fracos com justiça, com equidade pronunciará sentença em favor dos pobres da terra. (...) A justiça será o cinto de seus lombos e a fidelidade, o cinto de seus rins. Então o lobo morará com o cordeiro, e o leopardo se deitará com o cabrito. O bezerro, o leãozinho andarão juntos e um menino pequeno os guiará. A vaca e o urso pastarão juntos, juntas se deitarão as suas crias. O leão se alimentará de forragem como o boi. A criança de peito poderá brincar junto à cova da áspide, a criança pequena porá a mão na cova da víbora. Ninguém fará o mal nem destruição nenhuma em todo meu santo monte, porque a terra ficará cheia do conhecimento de Yahweh, como as águas cobrem o fundo do mar (Is 11,1-3a.4a.5-9).

A construção poética de Isaías permite vislumbrar um tempo em que o poder violento e sanguinário do leão se transformará na serenidade calma de um boi a pastar. Não obstante, deixa também transparecer que o advento desse tempo não acontecerá sem uma radical conversão.

Desde que o ser humano se colocou sobre duas pernas e liberou seus braços para forjar a lança, associou-se em clãs para caçar o mamute ou o bisão, lançou mão do fogo para queimar e acuar rebanhos inteiros, um grito uníssono de horror foi emitido em meio à criação. Durante milhões de anos, nenhum ser vivo havia adquirido tamanho poder destruidor! Por uma única queimada, centenas de árvores, pássaros, animais de pequeno e grande porte se viram expulsos de seu hábitat, migrando desesperados em busca de ar, fugindo do insuportável calor! No espírito da parábola de Isaías, o ser humano, assim como o urso e o leão, precisa aprender a converter sua violência em força plástica para viver em paz e gozar dos benefícios da natureza e da beleza da criação:

> Tirai de minha vista vossas más ações! Cessai de praticar o mal, aprendei a fazer o bem! Buscai o direito, corrigi o opressor! (...) Ainda

> que vossos pecados sejam como o escarlate, tornar-se-ão alvos como a neve; ainda que sejam vermelhos como carmesim, tornar-se-ão como a lã. Se quiserdes obedecer, comereis o fruto preciso da terra. Mas, se vos recusardes e vos rebelardes, sereis devorados pela espada! (Is 1,16-17a.18-20a).
>
> Para que isso se torne realidade, não basta dar um uso "bom" àquilo que produzimos. É preciso saber também colocar um freio em nossa fome de lucro que nos faz produzir incessantemente objetos de desejos a serem substituídos numa cadeia sem fim. Fazendo suas as palavras do Patriarca Bartolomeu, de Constantinopla, e chamando a atenção para as raízes éticas e espirituais dos problemas ambientais, que nos convidam a encontrar soluções não somente na técnica, mas na mudança de conduta por parte do ser humano, Francisco escreve: "[é preciso] passar do consumo ao sacrifício, da avidez à generosidade, do desperdício à capacidade de partilha, em uma ascese que "significa aprender a dar, e não simplesmente renunciar. É um modo de amar, de passar pouco a pouco do que eu quero àquilo de que o mundo de Deus precisa. É libertação do medo, da avidez e da dependência". Além disso, nós, cristãos, somos chamados a "aceitar o mundo como sacramento de comunhão, como forma de partilhar com Deus e com o próximo em uma escala global. É nossa humilde convicção de que o divino e o humano se encontram no menor detalhe de (*sic*) túnica inconsútil da criação de Deus, mesmo no último grão de poeira do nosso planeta" (LS, 9).

Eis aí elementos da *ecoespiritualidade integral*, capazes de penetrar como a água límpida e cristalina nos micro-organismos de poder da sociedade atual. Ao pensar nos modos diferenciados de ação transformadora que visem à preservação ambiental, os bispos brasileiros convidam leigos e leigas a difundirem essa forma de espiritualidade, por meio de seu testemunho ético, nos encontros pessoais, nas visitas domiciliares e nos ambientes de trabalho (cf. CNBB, n. 244, 2016). Trata-se, portanto, de uma espiritualidade que parte do encontro com Jesus e se insere cada vez mais profundamente nos problemas do mundo, que não foge das realidades temporais para encontrar a Deus, mas que o encontra ali, "em seu trabalho perseverante e ativo, iluminados pela fé" (CNBB, n. 184).

Para Francisco, a *ecoespiritualidade integral* propõe uma alternativa para entender a qualidade de vida e encoraja a dar forma a uma existência profética e contemplativa, capaz de gerar profunda alegria sem que se deixe obcecar pelo consumo. Trata-se da convicção de "quanto menos, tanto mais" (LS, 222). "É um regresso à simplicidade que permite parar e saborear as pequenas coisas, agradecer as possibilidades que a vida oferece, sem nos apegarmos ao que temos nem nos entristecermos por aquilo que não possuímos" (LS, 222).

***

Para concluir, é nossa esperança que os três tópicos aqui abordados possam alertar para a responsabilidade dos bispos, padres, diáconos, religiosos e religiosas, dirigentes de organizações laicas, no sentido de contribuir com infraestrutura e assessoria capacitada nos processos formativos de leigos e leigas.

Animados por essa *ecoespiritualidade integral*, sejamos todos fortalecidos na vocação missionária de despertar o cuidado e o respeito para com a Mãe Terra, nossa casa comum.

X
Papa Francisco e a espiritualidade do laicato

Wellington da Silva de Barros

Desde os primeiros gestos do pontificado de Francisco, percebeu-se sua intenção de valorizar e convocar os diversos membros da Igreja para uma maturidade na fé. Essa percepção está relacionada com o despojamento, por parte do bispo de Roma, de atitudes e discursos que refletem uma concepção de poder clerical, para assim buscar promover uma eclesiologia de comunhão. A comunhão está também presente e relacionada com a espiritualidade dos leigos: comunhão na comunidade de fé em vista da renovação (revisitar as raízes) e nos dramas da humanidade (periferias existenciais). Não é novidade para os leigos mais conscientes a desejada maturidade por Francisco, que deve servir como instrumento para combater o clericalismo e o mundanismo espiritual. Nesse contexto se insere a espiritualidade do laicato, que, segundo as perspectivas apresentadas pelo Papa Francisco, deve favorecer o despertar dos leigos, da sua corresponsabilidade (missão, Igreja em saída, periferias existenciais, urgências ecológicas) e maturidade diante do clericalismo e da mundanidade espiritual.

Espiritualidade "também" dos leigos

Espiritualidade é um dos termos mais importantes e plurais em sua interpretação. As religiões em geral reservam um grande espaço aos diferentes caminhos espirituais como expressões da realidade humana, e há quem postule uma dimensão espiritual fora de experiências religiosas institucionalizadas. A espiritualidade pode ser compreendida como dimensão da profundidade humana em relação com Deus. O ser humano vai percebendo a espiritualidade como um caminho importante para buscar a sua plenitude. O catolicismo organizou também o seu caminho espiritual de forma plural e fecunda, contemplando ritos, dogmas, tradições, carismas e disciplinas. Atualmente se reflete muito a respeito da espiritualidade não somente como pensar sobre Deus, mas como senti-lo e discernir a vida a partir dessa experiência. Assim, a espiritualidade reclama também uma mistagogia e espaços favoráveis à experiência de Deus.

A pluralidade que comporta o termo espiritualidade e as vivências apenas no âmbito do catolicismo são uma constante mesmo quando se trata de um estilo de vida dos batizados na mesma Igreja. Porém, aquilo que podemos destacar como mais elementar e fundamental da espiritualidade é a ação do Espírito Santo na vida humana, e a abertura por parte da pessoa a esse Espírito. A ação do Espírito é fundamental (primado da ação divina) dimensão da espiritualidade, talvez aquela que marca o "início" de um processo interminável e de um jeito de ser e estar no mundo enquanto abertura e livre resposta humana. Francisco destaca que esse movimento interior deve impelir, motivar e dar sentido à ação pessoal e comunitária, em vista da evangelização. Caso contrário, a evangelização será um conjunto de tarefas pesadas a realizar.

As perspectivas da espiritualidade no contexto do catolicismo impulsionam vários estilos de vida e carismas que a ação do Espírito Santo dispõe para o serviço eclesial e humano. Refletir sobre a espiritualidade laical é pensar sobre os alicerces da vida eclesial iniciada com o Batismo (fonte de todas as vocações) e que abre as possibilidades para as demais vocações eclesiais. Afinal, como recorda Francisco, em carta enviada ao presidente da Pontifícia Comissão para a América Latina, todos ingressam na Igreja e são batizados como leigos:

> A nossa primeira e fundamental consagração lança as suas raízes no nosso Batismo. Ninguém foi batizado sacerdote nem bispo. Batizaram-nos leigos, e é o sinal indelével que jamais poderá ser apagado. Faz-nos bem recordar que a Igreja não é uma elite de sacerdotes, consagrados, bispos, mas que todos formamos o povo santo fiel de Deus. Esquecermo-nos disso comporta vários riscos e deformações na nossa experiência, quer pessoal, quer comunitária, do ministério que a Igreja nos confiou.

Sobre a espiritualidade do laicato, o Vaticano II (1962-1965), no decreto sobre o apostolado dos leigos *Apostolicam Actuositatem* (AA), a define como o testemunho da íntima relação com Cristo nos diversos âmbitos da vida (familiar, matrimonial, celibato, viuvez, profissional, enfermidade etc.):

> ... Esta vida de íntima união com Cristo na Igreja é alimentada pelos auxílios espirituais comuns a todos os fiéis e, de modo especial, pela participação ativa na sagrada Liturgia; e os leigos devem servir-se deles de tal modo que, desempenhando corretamente as diversas tarefas terrenas nas condições ordinárias da existência, não separem da própria vida a união com Cristo, mas antes, realizando a própria atividade segundo a vontade de Deus, nela cresçam. É por este caminho que os leigos devem avançar na santidade com entusiasmo e alegria, esforçando-se por superar as dificuldades com prudência e paciência. Nem os cuidados familiares nem outras ocupações profanas devem ser alheias à vida espiritual, conforme aquele ensinamento do apóstolo: tudo o que fizerdes, por palavras ou por obras, tudo seja em nome do Senhor Jesus Cristo, dando por ele graças a Deus Pai (Col. 3, 17) (AA, n. 4).

Enfim, a espiritualidade, independentemente do estado ou estilo de vida, deve ser algo sempre integrador. No âmbito do cristianismo, essa integração deve significar a intimidade com a proposta de Jesus, através do testemunho dos valores do Reino de Deus. A espiritualidade, então, deve levar as pessoas a viverem de forma mais genuína a sua liberdade e o serviço aos outros, assumindo plenamente a cotidianidade da vida segundo a exortação apostólica *Evangelii Gaudium* (EG):

> Evangelizadores com espírito quer dizer evangelizadores que rezam e trabalham. Do ponto de vista da evangelização, não servem as propostas místicas desprovidas de um vigoroso compromisso social e missionário, nem os discursos e ações sociais e pastorais sem uma espiritualidade que transforme o coração. Estas propostas parciais e desagregadoras alcançam só pequenos grupos e não têm força de ampla penetração, porque mutilam o Evangelho. É preciso cultivar sempre um espaço interior que dê sentido cristão ao compromisso e à atividade (EG, n. 262).

Espiritualidade laical e o clericalismo

A cotidianidade é fundamental na espiritualidade laical. A vida e suas dinâmicas (sociais, culturais, políticas, econômicas, tecnológicas, científicas etc.) iluminadas pela revelação de Deus são fundamentais! Esse é o dom que os leigos são chamados a viver com responsabilidade. Alguns dizem que a fé vem da capacidade de "escuta". Nesse sentido, é melhor afirmar que a fé vem de "contar" quando e como Deus se tornou imprescindível na vida cotidiana, que é o "lugar teológico" por excelência, pois, nela, Deus já está presente. É óbvio que a temática da revelação divina na vida e na história humana independe da inserção na vida da Igreja e no mundo, destaca-se aqui apenas na direção do desenvolvimento do protagonismo (ou militância) do laicato também nas realidades terrenas (sociais, políticas, científicas, culturais etc.).

A situação dos leigos na Igreja foi refletida inúmeras vezes por Francisco. E um tema que não é estranho ao pensamento de Francisco é o do clericalismo. Em um discurso, na sua visita ao Brasil, para os bispos do Celam, o papa falou sobre esse tema clericalismo, e disse tratar-se de uma cumplicidade pecadora entre o pároco e os leigos, que pedem para ser clericalizados em troca de uma situação de conforto. Esse fenômeno explica em grande parte a falta de maturidade ou liberdade do laicato e clama por uma espiritualidade que promova o amadurecimento da vida de fé.

Mundanidade espiritual

A mundanidade espiritual se revela sobretudo através da vida dupla, que é o cristão que pratica os ritos fielmente (vai às missas) mas comete injustiças graves nas outras dimensões da vida (trabalho, família, política etc.). Esse falso testemunho afasta os batizados da coerência de vida e faz com que se perca a identidade cristã genuína. Em diversos discursos, Francisco, novamente no discurso aos bispos do Celam no Brasil, alertou todos os batizados sobre esse perigo:

> E todos nós devemos despojar-nos desta mundanidade: o espírito contrário ao espírito das bem-aventuranças, o espírito contrário ao espírito de Jesus. A mundanidade faz-nos mal. É tão triste encontrar um cristão mundano, convicto – a seu parecer – daquela certeza que a fé lhe dá e certo da segurança que lhe oferece o mundo. Não se pode trabalhar nas duas partes. A Igreja – todos nós – deve despojar-se da mundanidade, que a leva à vaidade, ao orgulho, que é a idolatria.

O espírito mundano se revela na relação que temos, sobretudo, com o dinheiro que alimenta o orgulho e a vaidade, e faz com que os cristãos vivam igual a todos, rifando valores essenciais a sua fé. Francisco alertou em seu discurso aos pobres em Assis, e disse que esse mundanismo mata a Igreja:

Estas coisas são feitas pelo espírito do mundo. É muito ridículo que um cristão – um cristão verdadeiro –, um sacerdote, uma freira, um bispo, um cardeal, um papa, queiram ir pelo caminho desta mundanidade, que é uma atitude homicida. A mundanidade espiritual mata! Mata a alma! Mata as pessoas! Mata a Igreja!

Espiritualidade como instrumento da renovação eclesial e ecológica

Na *Evangelli Gaudium,* Francisco convoca os fiéis para uma espiritualidade que transforme as pessoas e que tenha espaço para momentos como a adoração, o encontro com a Palavra de Deus e a oração, rejeitando, ao mesmo tempo, uma espiritualidade intimista e individualista que não se relaciona com a caridade e a lógica da encarnação da fé cristã. A oração deve levar a um verdadeiro compromisso com o Reino de Deus, pois há o risco de que muitas práticas de oração busquem evitar a dedicação à missão. Além disso, a privatização de algum estilo de vida pode levar os cristãos a refugiarem-se em alguma falsa espiritualidade.

Na *Evangelii Gaudium,* Francisco também recorda que uma espiritualidade profunda ajuda a vencer o pessimismo de quem crê que nada pode mudar e, assim, tornar o esforço missionário inútil, diante da tão urgente renovação eclesial em perspectiva missionária:

> Nos agentes pastorais, independentemente do estilo espiritual ou da linha de pensamento que possam ter, desenvolve-se um relativismo ainda mais perigoso que o doutrinal. Tem a ver com as opções mais profundas e sinceras que determinam uma forma de vida concreta. Este relativismo prático é agir como se Deus não existisse, decidir como se os pobres não existissem, sonhar como se os outros não existissem, trabalhar como se aqueles que não receberam o anúncio não existissem. É impressionante como até aqueles que aparentemente dispõem de sólidas convicções doutrinais e espirituais acabam, muitas vezes, por cair

> num estilo de vida que os leva a agarrarem-se a seguranças econômicas ou a espaços de poder e de glória humana que se buscam por qualquer meio, em vez de dar a vida pelos outros na missão. Não nos deixemos roubar o entusiasmo missionário! (EG, n. 80).

Já na Carta encíclica *Laudato Sì*, Francisco destaca que a espiritualidade deve ajudar no advento de uma nova relação com toda a obra criada por Deus, propondo uma forma alternativa de vida diante do consumismo:

> A espiritualidade cristã propõe uma forma alternativa de entender a qualidade de vida, encorajando um estilo de vida profético e contemplativo, capaz de gerar profunda alegria sem estar obcecado pelo consumo. É importante adotar um antigo ensinamento, presente em distintas tradições religiosas e também na Bíblia. Trata-se da convicção de que "quanto menos, tanto mais" (LS, n. 222).

A dimensão do lúdico e o repouso também se devem integrar à espiritualidade:

> A participação na Eucaristia é especialmente importante ao domingo. Este dia, à semelhança do sábado judaico, é-nos oferecido como dia de cura das relações do ser humano com Deus, consigo mesmo, com os outros e com o mundo. O domingo é o dia da Ressurreição, o "primeiro dia" da nova criação, que tem as suas primícias na humanidade ressuscitada do Senhor, garantia da transfiguração final de toda a realidade criada. Além disso, esse dia anuncia "o descanso eterno do homem, em Deus". Assim, a espiritualidade cristã integra o valor do repouso e da festa. O ser humano tende a reduzir o descanso contemplativo ao âmbito do estéril e do inútil, esquecendo que desse modo se tira à obra realizada o mais importante: o seu significado. Na nossa atividade, somos chamados a incluir uma dimensão receptiva e gratuita, o que é diferente da simples inatividade (LS, n. 237).

Ainda sobre a espiritualidade relacionada com o cuidado da casa comum, Francisco destaca a trama de relações entre as pessoas divinas (Trindade) e as relações com e entre as criaturas. Devemos descobrir nas relações constantes a nossa própria realização e uma solidariedade global:

> Na verdade, a pessoa humana cresce, amadurece e santifica-se tanto mais, quanto mais se relaciona, sai de si mesma para viver em comunhão com Deus, com os outros e com todas as criaturas. Assim assume na própria existência aquele dinamismo trinitário que Deus imprimiu nela desde a sua criação. Tudo está interligado, e isto convida-nos a maturar uma espiritualidade da solidariedade global que brota do mistério da Trindade (LS, n. 240).

Espiritualidade e compromisso político

Em audiência em 2013 com jovens e representantes de colégios jesuítas da Itália e da Albânia, diante de uma pergunta, Francisco afirmou que a política é uma das formas mais altas de caridade e é um compromisso do cristão se envolver na política. E acrescentou que um cristão que não se envolve na política, para ele, faz como Pilatos: lava as mãos!

> Muito bem. Para o cristão, é uma obrigação envolver-se na política. Nós, cristãos, não podemos "jogar a fazer o Pilatos", lavar as mãos. Não podemos! Devemos envolver-nos na política, pois a política é uma das formas mais altas da caridade, porque busca o bem comum. E os leigos cristãos devem trabalhar na política. Dir-me-ás: "Não é fácil!" Também não é fácil tornar-se padre. Não há coisas fáceis na vida. Não é fácil; a política está muito suja; e ponho-me a pergunta: Mas está suja, por quê? Não será porque os cristãos se envolveram na política sem espírito evangélico? Deixo-te esta pergunta: É fácil dizer que "a culpa é de fulano", mas eu que faço? É um dever! Trabalhar para o bem comum é um dever do cristão! E, muitas vezes, a opção de trabalho é

> a política. Há outras estradas: professor, por exemplo, é outra estrada. Mas a atividade política em prol do bem comum é uma das estradas. Isto é claro.

A espiritualidade dos leigos deve favorecer o genuíno engajamento político. Em carta enviada ao cardeal presidente da Pontifícia Comissão para a América Latina, Francisco reflete sobre a atividade pública dos leigos no continente latino-americano:

> Muitas vezes caímos na tentação de pensar que o leigo comprometido é aquele que trabalha nas obras da Igreja e/ou nas realidades da paróquia ou da diocese, e refletimos pouco sobre o modo como acompanhar um batizado na sua vida pública e cotidiana; sobre como, na sua atividade diária, com as responsabilidades que tem, se compromete como cristão na vida pública. Sem nos darmos conta disso, geramos uma elite laical, acreditando que só são leigos comprometidos os que trabalham nas realidades "dos sacerdotes", e esquecemos, descuidando-o, o crente que muitas vezes queima a sua esperança na luta cotidiana para viver a fé.

***

A Igreja sonhada por Francisco pede necessariamente o protagonismo maduro e corresponsável do laicato, afinal, os católicos que pertencem a esse estado de vida são a maioria. E também requer a responsabilidade do seu testemunho cristão diante do mundo. Hoje nos encontramos diante de uma sociedade plural, onde a Igreja não é mais hegemônica e a fé sofre mudanças, pois não é mais transmitida quase que automaticamente de geração em geração.

A espiritualidade dos leigos impulsionada por Francisco deve ser capaz de reavaliar os lugares da vida (família, trabalho, política etc.) como âmbito no qual se realiza sua missão e se abrir também para a urgente renovação eclesial e o cuidado da casa comum.

XI
Educação para a formação de sujeitos eclesiais

Welder Lancieri Marchini

O que é educação? Para uns, ela é compreendida como o conjunto de atividades escolares que nos ensinam a ler, fazer contas ou desenhar. Para outros, significa preparar o jovem para ser aprovado no vestibular. Outros, ainda, falam que educação é ensinar a criança a escovar os dentes, a não xingar os pais, não bater nos coleguinhas ou não tomar indevidamente aquilo que não lhe pertence. Seria também educação mostrar quais são os valores da sociedade ou da religião? Muitas são as ideias de educação que sondam nosso imaginário. Os escritos do Papa Francisco sobre educação estão dentro da Encíclica *Amoris Laetitia*. Isso por si só nos diz muita coisa, pois ela é entendida como um processo que acontece dentro do seio familiar.

Em seu discurso à Pontifícia Comissão para a América Latina, o Papa Francisco diz que educar "não consiste apenas em transmitir conhecimentos e conteúdos, mas implica outras dimensões: transmitir conteúdos, hábitos e sentido dos valores, estes três elementos juntos".[1] Mais que ensinar coisas, educar significa, na perspectiva do papa, criar uma atitude cristã.

Somos levados, então, a refletir sobre o papel da família no processo da educação dos filhos. A palavra educar vem do latim

---

[1] FRANCISCO, 28 fev. 2014.

educare, que surgiu da composição das palavras *ex*, que pode ser traduzida como "para fora", e *ducere*, que significa guiar, conduzir. Assim, educação, em sua etimologia, nos remete à condução daquele que passa por um processo. Aquele que educa, ao se relacionar com quem é educado, lhe apresenta um novo mundo, repleto de possibilidades.

Mas toda educação deve ter um único objetivo: levar aquele que é educado a caminhar sozinho. Para o Papa Francisco, só caminha sozinho aquele que tem maturidade (AL 146). Um adulto que tenha consciência de seu papel não deixa uma criança pequena sair sozinha pelas ruas da cidade. É preciso ter maturidade para isso.

Outra particularidade que acompanha o processo de educação e é característica dos escritos do Papa Francisco é a alegria. Não há maturidade sem alegria (cf. EG 171). Não seremos maduros, se não formos felizes com nossa própria condição.

Por fim, é preciso ressaltar que a educação de uma pessoa acontece em vários ambientes. O primeiro deles e, segundo o Papa Francisco, o principal, é a família. Nela, aprendemos a ser pessoas de caráter, aprendemos os valores e princípios e devemos aprender a ser cristãos. Outro ambiente onde constantemente somos educados é a comunidade eclesial. Ao participarmos das liturgias comunitárias, da catequese ou de outras atividades pastorais, somos educados. E essa educação não está relacionada a "aprender coisas", mas a sermos pessoas melhores. A escola é um outro ambiente onde a comunidade acontece. Mas, sem a família e a comunidade, ela é pouco eficaz em seus objetivos.

Buscaremos neste texto trazer algumas ideias dos escritos do Papa Francisco, que são luzes que iluminam o trabalho de todos aqueles que se envolvem no processo educativo, sejam as famílias, os primeiros e principais educadores, seja a comunidade ou a escola.

Educar para a autonomia

O cristão maduro carrega consigo duas características. A primeira delas é a capacidade de ser autônomo. A segunda é a capacidade de levar consigo a alegria que é própria dos seguidores de Jesus. Para entendermos a reflexão do Papa Francisco sobre a educação, precisamos ter claro que essas duas particularidades são o horizonte de todo processo educacional.

Autonomia é a capacidade que o sujeito tem de agir por conta própria. O contrário de autonomia é heteronomia, que é compreendida como característica daquele que obedece a regras por não saber discernir o que é certo ou errado. Algo é importante: autonomia não é arbitrariedade! Uma pessoa é arbitrária quando satisfaz todos os seus desejos sem pensar nas consequências ou em suas convicções.

Um exemplo que nos ajuda a entender a relação entre o sujeito autônomo, a heteronomia e a arbitrariedade, é a relação que o cristão tem com o pecado. Sabemos que é pecado aquilo que traz algum prejuízo, seja a nós mesmos, seja ao nosso próximo. Desde nossa catequese, aprendemos que temos de evitar o pecado e nos aproximar de Deus, que quer nosso bem. Uma pessoa autônoma sabe viver sua liberdade com maturidade. Segundo Francisco, "o que interessa acima de tudo é gerar no filho, com muito amor, processos de amadurecimento da sua liberdade, de preparação, de crescimento integral, de cultivo da autêntica autonomia" (AL 261).

Uma pessoa vive a heteronomia quando sabe o que é errado e cumpre as regras unicamente por serem regras. O Papa Francisco compara essa relação à obsessão (AL 261), que seria o controle excessivo por parte dos pais. Assim, vive a heteronomia o católico que vai à missa todo domingo, mas fica na porta da igreja conversando e se sente bem por ter cumprido com suas obrigações. A obrigação é forte característica da heteronomia. Mas alguém pode perguntar-se:

mas o que ele está fazendo não é bom? Sim. Pode ser bom. Mas esse católico não está indo à missa por acreditar que é bom e sim para cumprir uma regra.

Mas há aquele católico que, quando não vai à missa dominical, sente falta de Deus. Ele não se sente culpado por ter desobedecido a uma regra. Ele se sente como aquele amigo que esteve longe de quem ama. Sente saudade de Deus e da comunidade que encontra todo domingo na celebração. Esse católico está a caminho da autonomia. Mais que as regras, ele é motivado por suas crenças. Esse cristão reza não por obrigação, mas porque quer se sentir perto de Deus. Ele ajuda os pobres e doentes não para "ganhar pontos no céu", mas porque é motivado por sua experiência com Deus. A autonomia vem da maturidade na fé.

A autonomia só é construída numa relação de confiança e cumplicidade entre pais e filhos. E o Papa Francisco capta com propriedade a dificuldade de construir essa relação num mundo cada vez mais individualista. Assim descreve o papa: "os pais chegam em casa cansados e sem vontade de conversar; em muitas famílias, já não há sequer o hábito de comerem juntos, e cresce uma grande variedade de ofertas de distração, para além da dependência da televisão" (AL 50). Sem uma relação de intimidade e cumplicidade, fica sempre mais difícil construir a maturidade e autonomia dos filhos.

Outra característica do processo que leva alguém à autonomia é demonstrar a alegria de ser cristão. Alegria aqui não pode ser confundida com "dar risada". Alegria é a atitude daquele que tem ânimo, aquele que é movido pelo Espírito de Deus. Somos alegres por estarmos pertos de Deus. Consequentemente, o cristão maduro e autônomo busca ser expressão dessa alegria (EG 171).

Autonomia e alegria são características aprendidas. Não nascemos maduros e alegres. Somos educados para ser assim. E quem nos educa por primeiro é a família. Pai e mãe assumem papel fundamental na educação dos filhos, ensinando-lhes a importância do seguimento de Jesus.

Educação para a ética

Existem valores que somente a família é capaz de ensinar e, por mais que as leis proíbam, há atitudes que trazemos quando nossa família nos ensina. Há uma pequena história que nos mostra a importância da família na educação para a ética.

Um pai foi ao circo com seus dois filhos. Chegando à bilheteria, o pai perguntou qual era o valor do bilhete. O atendente disse que crianças até 6 anos não pagavam, de 7 a 10 pagavam meia entrada e crianças acima de 11 pagavam inteira. O pai disse que um de seus filhos tinha 7 e o outro, 15 anos. O atendente olhou com um ar decepcionado, dizendo: "se o senhor me dissesse que seu filho tem 6 anos, eu não questionaria e o senhor economizaria meia entrada". O pai respondeu: "Você não saberia. Mas meus filhos saberiam e aprenderiam que mentir é normal".

Os valores que trazemos do ambiente familiar têm raízes mais profundas que as regras que aprendemos na escola ou o poder das leis que a sociedade nos impõe. Mais ainda, as atitudes das mães e dos pais se tornam referência para os filhos, que mais tarde irão reproduzir tais atitudes.

Assim, nos lembra Francisco de que, mais importante que aquilo que a família diz, é aquilo que ela faz (AL 264).

É muito comum, na criação dos filhos, a família dizer que "não se deve falar palavrões", "não se deve andar em más companhias" ou, ainda, que "não se deve roubar, matar ou prejudicar o próximo". Mas essas instruções éticas são negativas. Elas dizem aquilo que não se deve fazer. Dizer aquilo que não é bom pode ser importante. Mas o Papa Francisco nos indica um caminho mais sólido na educação dos filhos: é preciso propor mais que cercear.

Assim, a ética proposta por Francisco é a ética positiva (AL 240). Ela tem como estratégia propor caminhos para que as crianças e jovens assumam compromissos éticos, e isso se aprende muito mais com os exemplos dos adultos do que com suas falas, ou seja, com aquilo que se vê que é certo, mais do que aquilo que se diz que é errado.

Quando mostramos para as crianças e os jovens que eles podem se dedicar a um ideal, participando da vida comunitária, envolvendo-se com trabalhos voluntários ou sensibilizando-se e agindo contra as injustiças sociais, estamos cultivando uma postura de autonomia e alegria. Assim, eles passam a ser como os discípulos de Jesus que, mesmo longe do Mestre, sabiam olhar para as situações e discernir, assumindo uma postura coerente com tudo aquilo que aprenderam.

O papel da escola e da Pastoral escolar

O Papa Francisco não fala das escolas como a responsável pela educação. Essa função é da família e a escola serve de complemento (AL 84). Mas acreditamos ser importante trazer à baila essa realidade, visto que no contexto brasileiro as crianças e jovens passam muito mais tempo na escola que junto com a própria família. Mas qual é o papel da escola na educação dos filhos? Alguns dirão que a escola é responsável pela construção do conhecimento e que os valores e princípios éticos devem ser ensinados pela família. Esse raciocínio pode até parecer sensato. Mas não é possível construir conhecimento, sem pensar nos valores que trazemos de nossa família.

Ao falar do processo de urbanização, o professor de geografia pode trazer dados sobre moradia, e é impossível um cristão não pensar naqueles que moram nas ruas. Também podemos pensar no professor que ensina matemática financeira e que diretamente nos faz lembrar de tantos que têm dívidas nos bancos por causa dos baixos salários ou dos juros abusivos.

Pensar em escolas de qualidade é importantíssimo para construirmos uma educação que forme crianças e jovens conscientes de seu papel na sociedade e que sejam autônomos e maduros. E isso vai além dos conteúdos trabalhados nas escolas. Mais importante é o modo como eles são trabalhados. Mais importante que preparar para o vestibular ou ensinar a ler e escrever, é a escola assumir seu papel educativo, quando cultiva a autonomia de seus alunos.

Mas outra reflexão é necessária. Há muitas escolas católicas no Brasil que são organizadas por congregações e ordens religiosas ou, ainda, por paróquias e dioceses. Essas escolas são desafiadas, a cada dia, a não se tornarem meras organizações de capitação de recursos financeiros. A maioria das escolas católicas são particulares. Se, por um lado, elas precisam da mensalidade dos alunos para sua manutenção, por outro, não se podem limitar a isso. Também elas devem educar para a ética e segundo os valores cristãos.

Ao falar com estudantes de escolas jesuítas na Itália e na Albânia, o Papa Francisco diz que a escola católica tem o dever de oferecer uma educação para além do conhecimento. Ela deve educar para os valores cristãos. O papa diz que "educar é uma atitude".[2] Ninguém ensina aquilo que não vive. Assim, os educadores devem se envolver no processo de educação junto com seus educandos, construindo uma atitude de vida.

As escolas católicas também não se podem resumir à lógica do vestibular. Um aluno pode conhecer muitos conteúdos,

---

[2] Id. Respostas do Santo Padre Francisco às perguntas dos representantes das escolas dos jesuítas na Itália e na Albânia, 7 jun. 2013.

fórmulas matemáticas ou regras ortográficas, mas nem por isso será uma boa pessoa. A escola deve buscar a formação integral do ser humano. Conhecimento e atitude são características que caminham juntas.

Num tempo em que, no Brasil, se discute escola sem partido, o Papa Francisco nos oferece uma reflexão oposta à ideia de neutralidade do conhecimento. É muito comum o papa conversar com jovens ou crianças. Numa das conversas com alunos italianos, diz o papa: "A educação não pode ser neutra. Ou é positiva ou é negativa; ou enriquece ou empobrece; ou faz crescer a pessoa ou a deprime, pode até corrompê-la".[3] Mas uma escola católica deve ter em vista que uma educação que seja positiva, enriqueça e faça crescer, deve ser aquela que constrói a vida, e a vida em plenitude (Jo 10,10).

Muitas escolas católicas organizam seus departamentos de pastoral. A Pastoral escolar é um diferencial das escolas que deve ser valorizado. Ela vai muito além de oferecer catequese de Primeira Eucaristia ou Crisma. Ela pensa o próprio ser da escola católica. Numa metáfora, se pensamos que o pedagógico é o corpo da escola, podemos dizer que a pastoral é a alma. A Pastoral escolar é desafiada a criar ambientes onde os alunos se construam como pessoas maduras, autônomas e alegres.

As escolas católicas se mostram ambiente privilegiados para a construção de alunos mais sensíveis às várias situações humanas. Grupos de adolescentes e jovens se revelam instrumentos eficazes para a construção de sujeitos autônomos. Visitas a asilos ou comunidades carentes, sempre preparadas pelas equipes de Pastoral escolar, são fecundas experiências de práticas do Evangelho.

---

[3] Id. Discurso do Papa Francisco aos estudantes e professores das escolas italianas, 10 maio 2014.

O papel da comunidade eclesial

A comunidade eclesial também tem seu papel educativo. Ela ensina. Ensina na homilia, quando o padre instrui os fiéis. Ensina na catequese, quando o catequizando é preparado para o compromisso que irá assumir. Ensina nas organizações comunitárias, quando cultiva a participação de cada membro da comunidade. Quando participamos de uma comunidade, estamos constantemente aprendendo e nos construindo como pessoas.

O membro da comunidade é educado à medida que ele percebe qual é a sua função na própria comunidade. E nossa maior função na comunidade eclesial é ser comunidade. Somos batizados para fazer parte de uma comunidade. Nas celebrações eucarísticas, ouvimos a Palavra em comunidade e participamos da mesa da comunhão, que é comunhão com a comunidade.

Na comunidade, não devemos ser anônimos. Somos chamados a ser sujeitos. Mas o que é um sujeito? Sujeito é aquele que sabe sua função e que atua na comunidade. É aquele que não se contenta em ir à missa e ficar sentado no banco escutando o que o padre tem a dizer. Ele não se acomoda diante das mensagens de Jesus. Ao se incomodar, ele sai de seu comodismo e busca assumir seu compromisso, sendo catequista, visitando doentes, participando das pastorais sociais ou de outros serviços comunitários.

A relação de Jesus com seus discípulos, no Evangelho de Mateus, nos ajuda a entender como um cristão é chamado a ser sujeito. O Evangelho de Mateus nos mostra Jesus conversando com a multidão. Mas essa multidão é formada por pessoas que não assumem compromisso algum com Jesus. Elas o procuram motivadas por suas necessidades. E depois vão embora.

Mas há aqueles que não se contentam em ser multidão. Eles querem saber um pouco mais. É para os discípulos que Jesus explica as parábolas. Ele também os prepara para a missão.

Do grupo dos discípulos saem os apóstolos, que Mateus chama de os Doze. Esses são sujeitos. Eles se tornam responsáveis por organizar comunidades depois da ressurreição de Jesus.

O cristão se torna sujeito à medida que assume seu papel na comunidade e na sociedade. Para isso, é necessária a construção de cristãos maduros e autônomos na fé que vivem. Aquele que acredita ser cristão por cumprir um conjunto de regras e preceitos não saiu da multidão. O sujeito é aquele que, conhecendo Jesus, se sente profundamente motivado a agir no mundo.

Inquietações pastorais

Nossas comunidades ficam ainda mais encantadas com a quantidade de participantes nas celebrações litúrgicas do que com os jovens que conseguem encontrar espaços para o agir cristão. É obvio que quem organiza as comunidades quer que muitos tenham acesso às atividades que são promovidas. Mas é preciso suscitar o movimento de sair da multidão e se tornar discípulo e, quem sabe, apóstolo.

Nas inspirações do Papa Francisco, sair da multidão implica assumir-se como pessoa madura e autônoma, tornando-se sujeito não apenas na comunidade, mas também na sociedade. Para tanto, a comunidade não pode ser apenas um lugar onde se está. Antes, ela é chamada a ser um lugar onde se é e se convive, é uma grande família onde as pessoas se conhecem. A família torna-se uma comunidade de pessoas que vive uma íntima relação com a comunidade eclesial. As famílias deixam de ir à comunidade para se tornarem comunidade. Somos educados e educamos à medida que, em comunidade, seja a eclesial, seja a familiar, nos construímos como sujeitos que participam e contribuem.

O Observatório Eclesial Brasil é constituído de cristãos leigos, consagrados e ordenados. Foi criado em 2015, em sintonia com outras iniciativas espalhadas pela América Latina. O grupo tem como objetivo acompanhar as decisões, os discursos e as reformas do Papa Francisco, bem como o processo de recepção dos mesmos nas Igrejas locais, nas comunidades e na sociedade de um modo geral. Pretende, assim, responder à chamada do Papa Francisco para que todos participem de uma "nova etapa evangelizadora marcada por essa alegria e indicar caminhos para o percurso da Igreja nos próximos anos" (*Evangelii gaudium*).

Impresso na gráfica da
Pia Sociedade Filhas de São Paulo
Via Raposo Tavares, km 19,145
05577-300 - São Paulo, SP - Brasil - 2017